基于用户体验的
学术搜索引擎设计及优化路径

刘 敏 著

江苏大学出版社
JIANGSU UNIVERSITY PRESS

镇 江

图书在版编目(CIP)数据

　　基于用户体验的学术搜索引擎设计及优化路径 / 刘
敏著. — 镇江：江苏大学出版社，2021.1(2024.4 重印)
　　ISBN 978-7-5684-1473-9

　　Ⅰ. ①基… Ⅱ. ①刘… Ⅲ. ①学术－搜索引擎－研究
Ⅳ. ①G254.928

　　中国版本图书馆 CIP 数据核字(2020)第 225178 号

基于用户体验的学术搜索引擎设计及优化路径

Jiyu Yonghu Tiyan De Xueshu Sousuo Yingqing Sheji Ji Youhua Lujing

著　　者/	刘　敏
责任编辑/	徐　婷
出版发行/	江苏大学出版社
地　　址/	江苏省镇江市京口区学府路 301 号(邮编：212013)
电　　话/	0511-84446464(传真)
网　　址/	http：//press.ujs.edu.cn
排　　版/	镇江市江东印刷有限责任公司
印　　刷/	北京一鑫印务有限责任公司
开　　本/	890 mm×1 240 mm　1/32
印　　张/	5.25
字　　数/	138 千字
版　　次/	2021 年 1 月第 1 版
印　　次/	2024 年 4 月第 2 次印刷
书　　号/	ISBN 978-7-5684-1473-9
定　　价/	38.00 元

如有印装质量问题请与本社营销部联系(电话：0511-84440882)

前　言

　　信息是一种重要的资源，也是知识的源泉，而承载着科学研究目的的学术资源更是如此。随着互联网基础设施的完善，以及信息技术、移动互联网技术的深入应用和发展，人们通过搜索引擎快速获得各种类型的数字资源成为可能，这也为我国网民规模及结构、搜索引擎市场的发展等都带来了全新的发展视角。21世纪是"知识大爆炸""数据大变革"的时代，面对海量信息和数据时，拥有高"搜商"素养的人才十分重要，而搭建智能、便捷、高效的搜索平台也必不可少，于学术用户和学术搜索平台也不例外。

　　当前，面对浩瀚的网络海洋，搜索引擎也成为庞大的网民群体使用继即时通信之后的第二大互联应用。互联网的深入发展为用户带来了各种类型信息资源数量、种类的快速膨胀。据中国互联网信息中心发布的最新数据显示，截至2020年6月，我国互联网用户规模达到了9.4亿人，互联网普及率达67%；互联网网站468万个、".CN"下网站数量319万个、移动互联网接入流量消费745亿GB、国内市场监测App数量359万款。从电脑端到移动客户端，搜索引擎的飞速发展、为互联网用户查找网络信息带来了便利。为进一步抢占搜索用户市场，帮助研究者快速获取所需学术信息，品牌商业搜索引擎逐渐推出了从非学术型网站转向学术型网站并服务普通大众的学术搜索平台，这也成为品牌搜索引擎发展的一种新趋势。

学术搜索引擎通过科学组织、管理和维护互联网中的学术信息，为学术用户提供统一检索入口，进而快速便捷获取互联网中的学术信息，有利于用户获得优质的学术搜索服务，同时扩大了其品牌搜索引擎的影响力。对于学术用户来说，学术搜索引擎可以突破时空快速获取学术信息；对于图书馆馆员而言，学术搜索引擎可以丰富信息服务搜索工具的应用种类。那么，现实中，品牌搜索引擎旗下的学术搜索引擎平台功能搭建如何？这种类别的学术搜索引擎是否像专业数据库平台开发的学术搜索引擎平台一样功能完善？以用户为中心，如何注重学术用户体验？又有哪些方面的不足以及如何优化？这都是本书研究需要解决的内容。

鉴于 PC 端和移动互联端学术用户搜索需求所在，笔者从视觉体验维度、逻辑规则体验维度构建了基于用户体验的学术搜索引擎评价体系，并以当前品牌搜索引擎旗下推出的学术搜索引擎（如百度学术、360 学术、搜狗学术、必应学术、国搜学术等）为例，探索基于用户行为和用户体验的各学术搜索引擎平台的建设现状、优化路径及未来发展趋势。本书主要的逻辑脉络体系为：通过介绍选题由来，分析国内外以用户体验为中心的搜索引擎研究现状，解析学术搜索引擎发展的互联网应用基础、基于用户行为的学术搜索引擎用户体验基础，再设计基于用户体验的学术搜索引擎优化路径，最后从视觉体验、逻辑规则体验方面对比分析当前五款学术搜索引擎平台的现状以及未来发展的应对之策。

　　本书是作者在品牌搜索引擎领域研究心得的一次全面总结，在写作过程中也参考引用了业内一些专家、学者以及国内外同行的相关研究成果，在此谨向相关单位、作者致以真心的感谢！也感谢为实现此书顺利出版的领导、同事及江苏大学出版社的全力支持！由于作者研究水平有限，书中难免存在不妥之处，恳请广大读者、各兄弟院校的同行及专家们批评指正。

目　录

第1章 绪 论

1.1 选题由来

1989 年，万维网之父蒂姆·伯纳斯·李发明了万维网（World Wide Web，WWW），实现了人类历史上的第一次网页浏览。之后，各个国家和地区、众多企业和公司纷纷将网站服务器作为核心研究产品。随着网络数据传输标准、"信息高速公路"及"数字地球"等的实施与实践，进一步加速了网站的开发和应用，也使互联网发展推广到全世界各个国家和地区，进而改变了人类的学习、工作和生活面貌。互联网成为 20 世纪最伟大的发明之一。

为顺利实现国际电报信息通信，1865 年，欧洲 20 个国家在巴黎签订《国际电报公约》，联合国国际电信联盟（International Telecommunication Union，ITU）正式成立，其总部设在瑞士日内瓦，致力于电信和信息网络的持续增长和发展，制定全球电信标准，进而促使全世界各国人民都能参与到全球信息经济社会并从中受益。2018 年 12 月 10 日—12 日，ITU 在第 16 届国际电信联盟指标研讨会上发布《2018 年衡量信息社会报告》（*Measuring the information society report* 2018）①，并指出全球使用互联网的人

---

① ITU. Measuring the Information Society Report 2018［EB/OL］.［2020 – 01 – 29］. https：//www. itu. int/en/ITU – D/Statistics/Pages/publications/misr2018. aspx

口数达到 39 亿，首次超过地球人口数的一半，约有 51.2% 的全球人口正在使用或使用过互联网；其中，网民规模的人数占比中，发达国家从 2005 年的 51.3% 增加到 2018 年的 80.9%，发展中国家从 2005 年的 7.7% 增加到 2018 年的 45.3%。① 目前，这些数字仍在持续不断变化之中。

2019 年 10 月 20 日—22 日，中国浙江桐乡召开了第六届世界互联网大会②。此次大会上，中国网络空间研究院和世界互联网大会组委会、高级别专家咨询委员会联合发布了《世界互联网发展报告 2019》蓝皮书、《中国互联网发展报告 2019》蓝皮书和《乌镇展望》。其中，《世界互联网发展报告 2019》③ 显示，2018 年全球手机联网用户数达到 36 亿，是固定宽带用户数的 3.6 倍；以美国、加拿大为代表的北美洲领导全球移动技术，4G 占有率全球最高达 69%，以美国、中国、韩国等为首的国家和地区陆续发布 5G 商用时间表，全球迎来 5G 时代。互联网基础资源可分为底层资源和应用资源，底层资源主要以 IP 地址为代表，决定未来发展容量。其中，IPv4 地址即将耗尽，截至 2019 年 8 月，全球 IPv4 地址已分配 36.8 亿个，全球网络底层协议正在从 IPv4 向 IPv6 转型中。2020 年 4 月 25—27 日，2020 全球移动互联网大会（Global Mobile Internet Conference，GMIC）首次在互联网线上召开。④ 2020 年 GMIC 以"幂次生长"为主题，围绕着科技、商业、科学、全球化、疫情、人类命运共同体等话题，展开了多形式、多维度、高标准的分享与跨界对话。从互联网市场到移动互

---

① ITU. 16th World Telecommunication/ICT Indicators Symposium（WTIS）[EB/OL].[2020 - 01 - 29]. https：//www. itu. int/en/ITU - D/Statistics/Pages/events/wtis2018/default. aspx

② 新华网. 第六届世界互联网大会：乌镇峰会[EB/OL].[2020 - 01 - 30]. http：//www. zj. xinhuanet. com/2019wicwuzhen/index. htm

③ 中国网络空间研究院. 世界互联网发展报告 2019[M]. 北京：电子工业出版社，2019.

④ GMIC. 2020GMIC 在线[EB/OL].（2020 - 4 - 25）[2020 - 8 - 10]. http：//www. gmic. cn/legacy

联网世界的发展，为人类社会的生活方式、思维模式等带来了全新的发展视角。

互联网的深入发展，为用户带来了快速膨胀的各种类型的网络信息。1997 年 10 月，国家主管部门研究决定由中国互联网络信息中心（China Internet Network Information Center，CNNIC）牵头组织开展中国互联网络发展状况的系统调查工作，并形成每年年初、年中共两期并按时发布《中国互联网络发展状况统计报告》的惯例。这也成为我国各行各业，包括政府、企业及专家学者等了解中国互联网发展现状的官方实证数据。1997 年 10 月，《第一次中国互联网络发展状况调查》① 显示：我国上网计算机数为 29.9 万台，上网用户数为 62 万，".CN"下注册的域名数为 4066 个，WWW 站点数约为 1500 个。网速太慢和收费太贵是影响当时中国 Internet 发展的两大障碍，这也是我国第一次对 Internet 发展状况的全面统计报告。中国互联网发展 20 余年后的 2019 年 8 月，CNNIC 发布第 44 次《中国互联网络发展状况统计报告》② 显示：我国 IPv6 地址数量为 50286 块/32，跃居全球第一，".CN"域名持续增长；我国域名总数为 4800 万个，".CN"域名总数为 2185 万个；我国网民规模达到 8.54 亿，互联网普及率达到 61.2%，手机网民规模达 8.47 亿人，网民使用手机上网率达到 99.1%。而到了 2020 年 9 月 29 日，CNNIC 发布第 46 次《中国互联网络发展状况统计报告》③ 显示：中国的互联网基础建设、网络规模及结构、互联网应用发展、互联网政务发展、产

---

① 中国互联网信息中心.第一次中国互联网络发展状况调查统计报告［EB/OL］.（1997－12－01）［2020－01－30］. http:∥www. cnnic. net. cn/hlwfzyj/hlwxzbg/hlwtjbg/201206/t20120612_26721. htm

② 中国互联网信息中心.第 44 次中国互联网络发展状况统计报告［EB/OL］.（2019－08－30）［2020－01－30］. http:∥www. cnnic. net. cn/hlwfzyj/hlwxzbg/hlwtjbg/201908/t20190830_70800. htm

③ 中国互联网信息中心.第 46 次中国互联网络发展状况统计报告［EB/OL］.（2020－09－29）［2020－12－12］. http:∥www. cnnic. net. cn/hlwfzyj/hlwxzbg/hlwtjbg/202009/t20200929_71257. htm

业与技术发展和互联网安全体验等又呈现出了新的发展变化趋势。

当前，我国的互联网用户规模庞大。截至 2020 年 6 月，我国网民规模达到 9.40 亿，较 2020 年 3 月增长 3625 万，互联网普及率达到 67%，较 2020 年 3 月提升 2.5 个百分点；手机网民规模达 9.32 亿人，较 2020 年 3 月增长 3546 万，网民使用手机上网比例达 99.2%，与 2020 年 3 月持平；同时，我国拥有海量的互联网资源。截至 2020 年 6 月，我国的网站（指域名注册者在中国境内的网站）数量为 468 万个，".CN"下网站数量为 319 万个；我国 IPv6 地址数量为 50903 块/32，较 2019 年底增长 0.1%。我国国家和地区顶级域名中".CN"总数为 2304 万个，.CN"域名持续增长。我国移动互联网接入流量消费 745 亿 GB，国内市场监测 App 为 359 万款。综上所述，我国的网民规模已经突破 9 亿人，互联网络用户群体普及率达到 64.5%，庞大的网民规模构成了中国蓬勃发展的消费市场，也为我国数字经济发展打下了坚实的用户基础；同时，由于 2020 年初爆发新冠肺炎疫情等因素的影响，使得我国部分互联网应用程序呈现快速增长势态、在线教育爆发式增长、网络零售拉动消费增长，抗击疫情加速了互联网技术创新。① 一直以来，美国是互联网基础设施领域及互联网世界的领跑者，中国经历了 20 余年的互联网发展，从互联网的落后者一路快速追赶，目前部分领域持平甚至超越了美国。

高速发展的互联网社会，给人们带来了快速膨胀的各种类型网络信息，也使得人们面临着"我们简直要在信息的海洋中淹死，却因为缺乏知识而渴死"的矛盾。为正确化解这种矛盾，作为互联网基础应用内容之一的搜索引擎（Search Engine，SI）应

---

① 中国互联网信息中心. 第 46 次中国互联网络发展状况统计报告［EB/OL］.（2020 - 09 - 29）［2020 - 12 - 12］. http://www.cnnic.net.cn/hlwfzyj/hlwxzbg/hlwtjbg/202009/t20200929_71257.htm

运而生，并在网民日常生活、工作和学习的信息获取中占据着十分重要的地位。不论是在 PC 互联网的时代，还是在移动互联网的当代，搜索引擎一直是网民获取其他各类互联网应用服务的重要入口，也成了网民获取互联网资讯信息的主要渠道。

致力于帮助人们更容易理解复杂世界的《视觉资本》（*Visual Capitalist*）发布的"2019 年全球网站流量排名 Top 100 网站"①可以了解到世界各地的人们如何搜索信息、使用了哪些服务以及如何在网上冲浪。Top 100 的网站中，单月达到 3.5 亿次以上的访问量；以网站阅读浏览量及网站类型为考察对象，排名前十的分别为谷歌（美国）、Youtube（美国）、Facebook（美国）、百度（中国）、维基百科（美国）、Twitter（美国）、雅虎（美国）、P 站（加拿大）、Instagram. com（美国）、xvideos. com（捷克）。在排名前 100 的网站中，搜索引擎占了大多数，成为实现将互联网联系在一起的纽带。其中，谷歌几乎是世界各国拥有着顶级流量的品牌搜索引擎，在谷歌使用不占优势的国家中，其他品牌搜索引擎如中国的百度（Top 100 排第 4）、俄罗斯的 Yande（Top 100 排第 11）也占据着顶级流量。2019 年 10 月 25 日，CNNIC 发布的《2019 年中国网民搜索引擎使用情况研究报告》②显示：截至 2019 年 6 月，我国搜索引擎用户规模达 6.95 亿人，搜索引擎使用率为 81.3%；其中，97.1% 的搜索用户通过手机访问搜索引擎，65% 的搜索用户通过台式电脑或笔记本电脑访问搜索引擎。截至 2020 年 3 月，我国网民各类互联网应用排名前三的为即时通信（用户规模达 8.96 亿人，占网民使用率 99.2%）、搜索引擎（网民规模达 7.5 亿人，占网民使用率 83%）、网络新闻（网民规

---

① SimilarWeb. Ranking the Top 100 Websites in the World[EB/OL]. (2019 – 08 – 07)[2020 – 01 – 30]. https://www.visualcapitalist.com/ranking-the-top-100-websites-in-the-world/

② 中国互联网信息中心. 2019 年中国网民搜索引擎使用情况研究报告[EB/OL]. (2019 – 10 – 25)[2020 – 01 – 30]. http://www.cnnic.net.cn/hlwfzyj/hlwxzbg/ssbg/201910/t20191025_70843.htm

模达 7.3 亿人，占网民使用率 80.9%）。① 由此可见，无论是电脑端还是手机客户端，搜索引擎成为人们获取信息的重要工具。从搜索用户的使用场景、用户体验及满意度看，工作、学习场景下使用搜索引擎的比例最高，达到 76.5%；77.3% 的搜索用户可以找到自己所需信息，18.7% 搜索用户很难找到所需信息；84.9% 的搜索用户对搜索服务表示满意，15.1% 的搜索用户对搜索服务不满意。为什么网民搜索网络信息时会呈现出不同的用户体验效果呢？网民又是如何使用搜索引擎解决学习、工作时所需的学术文献获取问题呢？因此，对于用户搜索行为的分析，也将是本书研究的重点内容之一。

学术信息是浩瀚网络信息资源的重要组成部分。学术搜索引擎通过组织、管理和维护网络中的学术信息，为用户提供科学的检索入口，以便快速获取学术信息。学术搜索引擎主要有两类：一类是依托于数据库商的文献资源优势，构建学术搜索平台，如 CNKI 学术、Web of science、超星知识发现系统等；另一类是为进一步抢占搜索市场，帮助学术用户查找互联网中的学术信息，搜索引擎从非学术型网站转向学术型网站并服务于普通大众而搭建的搜索平台，它是搭建在互联网中各类免费学术资源基础上，实现互联网与图书馆信息服务的有机整合，如百度学术、360 学术、Microsoft Academic Serch、谷歌学术等。② 学术搜索引擎为用户提供免费、快速获取学术信息的途径，丰富了科技查新、文献检索和查收查引等服务的选择途径。面对浩瀚的网络海洋，有必要搭建以用户为中心、注重用户体验的学术搜索引擎，这有利于提升学术搜索用户的"搜商"，并通过学术搜索引擎快速、准确地获取所需学术信息源，提升学术搜索技能并解决学术问题的能

----

① 中国互联网信息中心.第 45 次中国互联网络发展状况统计报告［EB/OL］.（2020－04－28）［2020－08－19］.http：// www. cnnic. net. cn/hlwfzyj/hlwxzbg/hlwtjbg/202004/t20200428_70974. htm

② 刘敏.基于用户体验的微软学术搜索和百度学术搜索对比研究［J］.情报探索，2018（07）：55－63.

力。本研究选题由此而来。

　　本研究首先梳理互联网及搜索引擎的发展历史，包括近年以来中国互联网市场、中国搜索引擎市场的变化发展，以了解我国学术搜索引擎发展的互联网应用基础。随后，通过问卷调查了解我国基于用户行为的学术搜索引擎用户体验基础、设计了基于用户体验的学术搜索引擎。最后，通过实验测试了本书所指的 5 款学术搜索引擎，指出存在问题及今后优化策略。本研究在丰富我国学术搜索引擎领域实证研究基础上，为学术用户选择合适的学术搜索引擎提供重要的参考借鉴。

1.2　术语界定

1.2.1　用户体验

　　有学者认为，"用户体验"（User Experience，UE）这一术语最早被广泛认知、定义是在 20 世纪 90 年代中期，由美国认知心理学家唐纳德·诺曼（Donald Norman）提出并推广，用以表达用户在产品使用过程中建立起来的一种主观感受。但经笔者核实，1935 年 2 月，Smith C. W.[1] 发表在 *Agricultural Engineering* 上的 *Study of users' experiences with rubber-tired farm tractors* 一文，"用户体验"作为术语就已经出现。笔者进一步通过文献调研发现，1977 年[2]、1981 年[3]也有涉及用户体验与数据库管理系统设计联系起来的研究文献发表。据此推断，"用户体验"作为专业术语的出现早于 20 世纪 90 年代，而 Donald Norman 关于"用户体验"的研究、推广只是让这一术语更广为人知。

---

[1]　Smith C W. Study of users' experiences with rubber-tired farm tractors[J]. Agricultural Engineering, 1935,16(2):45 – 52.

[2]　Davis B. User experience with database management systems in the UK[J]. Database Journal,1977, 7(3):2 – 8.

[3]　Plourde P J. User experience with data base management systems in higher education [J]. CAUSE/EFFECT,1981, 4(2),:14 – 17.

在不同的学科领域，"用户体验"这一术语用以表达的概念内容及内涵各有侧重。《计算机科学技术名词》① 一书，从计算机科学技术领域中"用户体验设计"的角度给出了相关概念的理解，并认为：以用户使用产品的心理感受为中心的设计方法，即在理解用户真实期望基础上，保证产品核心功能与人机界面之间的协调设计。基于此理解，计算机领域涉及的"用户体验"侧重于用户使用产品的心理感受。《图书馆·情报与文献学名词》一书②将"用户体验"定义为"用户在获取与利用信息产品或服务过程中建立起来的一种纯主观的心理感受"。强调在信息获取与利用过程中用户的所做、所想、所感，是用户的本能、行为与心理的综合反映，是信息交互中用户内在状态、系统特征与特定情境相互作用的产物。《心理学名词》③ 一书认为：用户与系统交互过程中形成的全部心理感受。通常分为外表层、框架层、结构层、范围层和战略层。《ISO 9241 - 210 人机交互的人体工程学》④⑤ 国际标准认为：用户体验是个人对产品、系统或服务的使用，或预期使用产生的看法和回应。具体来说，它包括使用前、使用过程中和使用后的所有情绪、信念、偏好、感知、身体和心理反应以及行为和成就；交互系统的品牌形象、表现形式、功能、系统性能、交互行为和辅助功能的结果，是用户先前体验、态度、技能和个性以及使用环境产生的内部和物理状态的结果；从用户个人目标的角度解释可用性时，还可以包括用户体验相关

① 全国科学技术名词审定委员会.计算机科学技术名词［M］.3 版.北京:科学出版社,2020.

② 全国科学技术名词审定委员会.图书馆·情报与文献学名词［M］.1 版.北京:科学出版社,2019.

③ 心理学名词审定委员会.心理学名词［M］.2 版.北京:科学出版社,2019.

④ Wikipedia. User experience［EB/OL］.［2019 - 12 - 07］. https://en. wikipedia. org/wiki/User_experience

⑤ International Organization for Standardization (2009). Ergonomics of human system interaction-Part 210: Human-centered design for interactive systems (formerly known as 13407). ISO F ± DIS 9241 -210:2009.

的感知和情感方面。邓胜利（2008）① 根据体验深度，将"用户体验"分为三个层次：下意识体验、体验完成、体验共享。具体来说，第一层次为下意识体验，即持续不断流向人脑的信息流，用户通过自我感知确认体验的发生②；第二层次属于体验过程的完成，即特别指出且令人满意的事情③；第三层次为最高层，即将用户体验作为一种经历体验并使用到特定环境中，以帮助用户和设计团队之间共享发现。用户体验涉及的内容包括信息可用性、功能性和内容性等方面的体验④，也可以将用户体验扩展到用户与产品互动的各个方面⑤，还可以包括用户使用环境信息、用户情感和期望等内容⑥。综上可知，学术领域中关于"用户体验"概念侧重于用户的心理感受，是一种对系统产品的感知过程和结果状态，强调以用户为中心并以此建立起的一系列在使用产品过程中的感受。

　　本研究使用的"用户体验"概念，主要是面向学术搜索引擎领域，指用户在进行学术搜索过程中，基于视觉体验、逻辑规则体验两个维度对学术搜索引擎产品的评价，具体包括资源内容、页面友好、个性化服务、检索功能、结果展示，以及用户使用学术搜索引擎的行为，如使用之后的效果、感受、认知等内容。

---

　①　邓胜利. 国内外用户体验研究进展[J]. 图书情报工作,2008(3):43 – 45.

　②　Forlizzi J, Ford S. The building blocks of experience：an early framework for inter-action designers[C].∥Proceedings of the DIS 2000 Seminar. Communications of the ACM, 2000:419 – 423.

　③　Dewey J. Art as experience[M]. Nework：Perigee,1980:355.

　④　Garrett JJ. The elements of user experience：user-centered design for the web[J]. New York：New Riders Publishing,2003:12 – 20.

　⑤　Leena A. Capturing user experience for product ddesign[EB/OL].[2020 – 08 – 11]. https：∥www. researchgate. net/publication/255587485_CAPTURING_USER_EXPERI-ENCE_FOR_PRODUCT_DESIGN

　⑥　Norman D A. The invisible computer[M]. New York：MIT Press,1998:78.

1.2.2　数字信息资源

数字信息资源的概念较为宽泛。肖希明等（2008）[①] 认为：数字信息资源是指所有以电子数据的形式，将文字、图像、声音、动画等多种形式，存储在光、磁等非纸质介质载体中，并通过网络、计算机或终端等方式再现出来的资源。

"数字信息资源"的概念，与"数字资源""数字信息""电子资源"等相互关联，属于同义概念。《图书馆·情报与文献学名词》[②] 将"数字资源"定义为"以数字形式存取、发布和利用的各类文献、信息、数据等资源的总称。"一般情况下，也把电子资源称为数字资源。同时，该书将"数字信息"定义为"以二进制数字代码记录于磁带、磁盘、光盘等媒体，依赖计算机系统存取并可在通信网络上传输的信息"。数字信息的概念内涵小于数字资源，它存在于数字环境中，是社会中组织或个人可能接触的数字化形态存在的信息资源，以及数字化方式进行信息交流活动时，各种影响因素集合的最小单元。[③]《信息与文献·参考文献著录规则》[④] 将"电子资源"定义为"以数字方式将图、文、声、像等信息存储在磁、光、电介质上，通过计算机、网络或相关设备使用的记录有知识内容或艺术内容的信息资源，包括电子公告、电子图书、电子期刊、数据库等"。

网络搜索领域涉及的数字信息资源，主要是指搜索引擎收录的各类来源信息，包括网络视频、图片、音频、文档等。本书所指的数字信息资源主要是指互联网领域涵盖的学术性数字信息资源，文后所指学术信息也即为此概念。

---

①　肖希明.数字信息资源建设与服务研究[M].武汉:武汉大学出版社,2008:2.

②　全国科学技术名词审定委员会.图书馆·情报与文献学名词[M].1版.北京:科学出版社,2019./术语在线.搜索引擎[EB/OL].[2020 - 02 - 01].http://www.termonline.cn/list.htm? k＝数字资源.

③　刘敏,许伍霞,曹小宇.科学数据素养教育[M].镇江:江苏大学出版社,2020.

④　中国国家标准化管理委员会.信息与文献参考文献著录规则:3 术语与定义[S].北京:中国标准出版社,2015:12.

1.2.3 搜索引擎

搜索引擎是一个专业术语，笔者查阅相关资料，关于"搜索引擎"一词的理解，比较多用于计算机科学领域和图书馆与情报学科领域。搜索引擎是帮助用户在因特网上查询信息的系统，它收集和整理因特网上的信息，允许用户基于关键字查询，并对结果排序。[①] 具体来说，搜索引擎就是根据一定的策略、运用特定的计算机程序从互联网上搜集信息，在对信息进行组织和处理后，将检索相关结果展示给用户的系统。[②] 从使用者角度看，搜索引擎为用户提供一个网页界面，用户通过该界面提交检索提问语句，搜索引擎快速返回一个符合用户输入信息可能相关的信息列表；从搜索引擎看，搜索引擎是搜索器实时抓取互联网中的相关网页资源，并建立索引器。[③] 搜索引擎包括搜索器、索引器、检索器、用户接口四个部分。

搜索引擎的作用具体分为四个部分：首先，通过搜索器定期采集信息的工作，在互联网环境下，不断发现、搜集各类新信息，同时定期更新已经搜集过的旧信息；其次，索引器对搜索到的信息抽取出索引项，建立文档及生成索引库文档，以供用户检索；接着，用户通过检索器，提交检索请求，从索引库中快速查找相匹配文档；最后，用户通过用户接口获得查询请求结果。[④]

经过多年发展，搜索引擎从最开始诞生时期仅支持单一资源的搜索功能，发展至今的多元化发展趋势，使得搜索引擎的类型也分为了多种形式。根据信息采集方式，有全文型搜索引擎、目

① 全国科学技术名词审定委员会.计算机科学技术名词［M］.3版.北京：科学出版社，2020.／术语在线.搜索引擎［EB/OL］.［2020－02－01］.http：//www.termonline.cn/list.htm？k＝搜索引擎.

② 国科学技术名词审定委员会.图书馆·情报与文献学名词［M］.1版.北京：科学出版社，2019／术语在线.搜索引擎［EB/OL］.［2020－02－01］.http：//www.termonline.cn/list.htm？k＝搜索引擎.

③ 刘敏，许伍霞，曹小宇.信息检索与利用［M］.镇江：江苏大学出版社，2019：78.

④ 李晓明，闫宏飞，王继民.搜索引擎—原理技术与系统［M］.2版.北京：科学出版社，2019.

录型搜索引擎、元搜索引擎、垂直搜索引擎等。根据数字信息所属类别，搜索引擎分为不同类别，如门户搜索引擎、购物类搜索引擎、学术搜索引擎、图片搜索引擎、视频搜索引擎等。购物类搜索引擎已经逐渐成为互联网用户使用频率最高的搜索引擎之一。

1.2.4 学术搜索引擎

本书所指的学术搜索引擎，属于搜索引擎搜索的数字信息所属学术资源类别而命名的。本书第 4 章 4.1.1 将详细论述。

借用搜索引擎及业内主流概念，本书对"学术搜索引擎"概念的理解与总结如下：学术搜索引擎（英文翻译为 Scholar Search Engine）是通过科学组织、规范管理、实时维护网络中的学术信息，为用户提供仅围绕学术类别的数字信息资源的统一检索入口，能实现快速获取学术信息的通道。

本书认为按照数字资源收录来源情况划分，学术搜索引擎主要有两类：一类是依托于数据库商本身的数字信息资源收录优势，构建的学术搜索平台，如 CNKI 学术，可以理解为数据库类学术搜索引擎；另一类是为进一步抢占搜索市场，帮助学术用户免费查找及获取互联网中的学术信息，商业综合型搜索引擎（如百度）或门户网站（如搜狐、360 等）中的部分功能从非学术型网站转向学术型网站并服务于普通大众而搭建的搜索平台，可以理解为非数据库类学术搜索引擎。它是搭建在互联网中各类免费学术资源基础上，实现互联网与图书馆信息服务有机整合，如百度学术、360 学术、搜狗学术、谷歌学术、国搜学术等。本书研究的搜索引擎样本主要由商业综合型搜索引擎或门户网站开发的学术搜索引擎站点，后续章节将陆续展开研究。

1.3 研究目的及意义

学术搜索引擎的出现，为学术用户在获取所需数字信息资源时，遇到"我们简直要在信息的海洋中淹死，却因为缺乏知识而渴死"矛盾的解决提供了可能。同时，也给人们的学习、生活、工作带来了便利。但是，学术用户"搜商"不高、学术搜索引擎平台不智能、用户体验效果不理想等因素都影响了搜索用户最大限度地获取数字信息资源，影响了用户对所需主题学术信息获取结果的查全率、查准率。本书研究着力提升使用学术搜索引擎过程中用户体验满意度。通过整理分析我国学术搜索引擎的互联网应用基础、调查学术搜索引擎的用户行为、设计基于用户体验的学术搜索引擎指标评价体系，旨在为搜索引擎商以及相关决策部门在完善学术搜索引擎功能上提供参考。

　　本书将重点从视觉体验、逻辑规则体验 2 个一级维度 5 个二级维度若干个三级维度，设计了基于用户体验的学术搜索引擎评价指标体系。为实现减少用户与学术搜索引擎交互时间，为用户使用学术搜索引擎提供引导以及搜索引擎商设计科学合理的学术搜索引擎平台提供参考。本研究基于用户体验的学术搜索引擎对我国用户体验、搜索引擎领域的研究有着重要的理论意义和现实意义。具体体现在以下两个方面：

　　第一，研究基于用户体验的学术搜索引擎设计及优化路径具有重要的理论意义。从用户行为角度出发，以用户为中心，通过对用户学术搜索行为分析、挖掘用户搜索行为习惯、总结提炼用户体验的方法，提出基于用户体验的学术搜索引擎设计指标及优化路径。同时，通过案例实验验证设计指标有利于提升用户的学术搜索效果。因此，通过对以上理论问题的探讨，将丰富和完善信息检索理论、学术搜索理论以及用户体验等领域研究，从而为图书馆学应用理论学科发展起到一定的推动作用。

　　第二，研究基于用户体验的学术搜索引擎设计具有重要的现实意义。在人们的日常生活中，一系列与学术搜索引擎相关的问题需要我们去研究和解决。例如，如何更好地提高用户利用学术搜索引擎的搜索水平？如何解决"我们简直要在信息的海洋中淹死，却因为缺乏知识而渴死"的矛盾？如何定性评价学术搜索引擎的查全率、查准率？如何科学评价学术搜索引擎的检索功能？

如何选择科学、合理的学术搜索引擎？通过基于用户体验的学术搜索引擎设计及实现路径研究，可以帮助我们解决这些学术搜索过程中的现实问题。

1.4　结构和主要内容

本书的研究主要分为三大部分。

第一部分为第 1 章，主要阐述选题由来、术语界定、研究目的及意义、本书的结构和主要内容、研究方法。

第二部分为第 2 章到第 4 章，综述了国内外研究动态、我国学术搜索引擎发展的互联网应用基础、基于用户行为的学术搜索引擎用户体验基础。

第三部分为第 5 章到第 7 章，主要研究基于用户体验的学术搜索引擎设计及实现路径、基于用户体验的学术搜索引擎实证对比分析、研究总结与未来展望。

1.5　研究方法

1.5.1　文献综述法

利用文献综述法，对研究用户体验、搜索引擎设计、学术搜索引擎实证研究的文献进行全面调查。同时，梳理反映我国互联网市场、搜索引擎及学术搜索引擎等变化发展历史的文献及资料，包括网民规模数据、网页资源数据、手机网民数据、手机搜索、PC 端搜索等事实和数据资料，另外还涉及期刊论文、学位论文、著作、网站资源等文献。总之，通过文献综述法，笔者期望比较全面把握和分析我国互联网市场、搜索引擎市场以及学术搜索引擎领域的发展势态及研究现状，进而为本研究提供数据和历史资料支撑。

1.5.2　实证分析与规范分析相结合的方法

本书运用实证分析法，在设计基于用户体验的学术搜索引擎指标及优化路径后，选取我国五款品牌搜索引擎旗下的学术搜索引擎，即百度学术、搜狗学术、360 学术、必应学术、国搜学术，作为实证分析的案例研究样本。通过实证测试分析我国现有的主流学术搜索引擎设计存在的问题。运用规范分析方法，说明我国基于用户体验的学术搜索引擎设计"应该是什么"，以及实现学术搜索"应该怎么搜"的问题。

1.5.3 定量分析与定性分析相结合的方法

本书从整体上看，运用了定量分析和定性分析相结合的方法，在分析我国互联网搜索引擎和学术搜索引擎的变化发展、基于用户体验的学术搜索领域的研究侧重于定量分析；在基于用户体验的学术搜索引擎指标体系设计及实现路径、用户体验的学术搜索引擎实验验证等方面的研究侧重于定性分析。

第2章 国内外研究动态分析

比较全面系统地梳理某一领域的文献后再进行计量统计，能够较准确地把握该领域的学术发展动态，为后续研究提供一定的参考依据。虽然学术研究内容分析的数据限定为学术期刊论文，而不含著作或其他，可能会引起研究结果的某些偏差。但当一项研究以专著形式发表时，其内容也必定会以一定的方式在学术期刊上得以反映。所以，以学术期刊论文为基础对某一领域内容的分析研究，基本上可以得出有关该领域比较可靠的研究结果。①因此，对于国内外研究动态，本书采用文献计量的统计分析方法，对涉及本书研究主题的期刊论文进行广泛调研，以较全面地了解该领域的研究动态。为尽量避免因为仅对学术期刊论文的调研对本领域研究可能存在的误差，本书对期刊论文计量分析之后，也查阅了部分国内外专著、学位论文等关联文献的研究情况。

2.1 国内外文献调查

2.1.1 文献调查范围

1995 年，搜索引擎 Yahoo 诞生，随后谷歌、百度等先后诞

---

① Cheng Huanwen. A bibliometric study of library and information research in China [J/OL]. Asian Libraries, 1996, 5 (2), 30 – 45 (1996 – 08 – 25) [2020 – 02 – 03]. https: // archive. ifla. org/IV/ifla62/62 – huac. htm

生。本次调查从 1995 年开始，国内外对于该领域研究文献以期刊论文为主，辅以调查专著和学位论文。外文文献的研究，限定在对该领域研究的英文语种文献调查。本调查不包括涉及学术搜索引擎的新闻报道类的事实性资料。

2.1.2　文献调查工具

本次调查以图书馆馆藏为主，包括纸本图书、纸本期刊索引、中外文数据库资源及网络免费资源。同时，为避免调查结果的遗漏，笔者访问了国家图书馆书目查询主页、国际联机检索系统 PQD 等，以期全面查找该领域的研究文献和相关文献。

本书选择的专业数据库类工具有：重庆维普的《中文科技期刊数据库》（1989—2020 年）、万方数据的《中国学术期刊数据库》（1998—2020 年）、万方数据的《中国学位论文全文数据库》（1980—2020 年）、清华同方的《中国学术期刊全文数据库》（1915—2020 年）、清华同方的《中国优秀博硕士学位论文全文数据库》（1984—2020 年）、超星电子图书数据库（1995—2020 年）、中国国家图书馆书目检索系统、ProQuest Dialog（简称 PDQ，前称为 Dialog 国际联机检索系统，是世界规模最大的联机检索系统之一，拥有上百余个子数据库，文献记录涉及 80 余个国家和地区，文献内容涉及社会科学和自然科学各个领域，存储的文献类型有学位论文、期刊论文、专利、科技报告、技术标准等，也是国内教育部科技查新机构国外查新必用的通用型检索工具）。

本书选择的学术搜索工具有：百度学术搜索（http：∥xueshu.baidu.com∕）、搜狗学术搜索（https：∥scholar.sogou.com∕）。

2.1.3　文献调查策略和结果

本研究从用户体验角度切入，研究学术搜索引擎设计的指标体系，为比较全面和广泛地搜集相关联主题的研究文献，也为本研究提供充分的历史文献支撑。

（1）在构建检索策略时，对检索词的选定分为了首选检索词、备用检索词，然后再分别进行逻辑组配。具体检索词分列如下。

① 首选检索词

中文：用户体验、学术搜索、学术搜索引擎、学术检索、设计、指标、评价

英文：user experience、UE、UX、scholar search、scholar search engine、design、index、evaluation

② 备用检索词

中文：人机交互、交互、搜索引擎

英文：human-computer interaction、interact、search engine

（2）在选用检索词、构建检索式时，采用了"分类 + 主题途径"的检索策略，并用专业检索、布尔逻辑检索策略构建检索式。

① 中文

SU =（人机交互 + 交互 + 用户体验）*（学术搜索 + 学术搜索引擎 + 学术检索 + 搜索引擎）*（设计 + 指标 + 评价）

② 英文

ti，ab，su（user p/0 experience or UE or UX or human p/0 computer p/0 interaction）and ti（scholar p/0 search or scholar p/0 search p/0 engine or search p/0 engine）and ti，ab（design or index or evaluation）

（3）检索时间为 1995—2020 年，检索日期为 2020 年 4 月 1 日—2020 年 4 月 10 日，最后从检索结果中筛选出与本研究关联的文献。因数据库检索语句及语法规则各有不同，除 ProQuest Dialog（简称 PQD）检索语句严格按其要求撰写外，其余均采取通用主题途径检索语句"SU ="简缩表达。其中，涉及主题途径检索的字段包括：ti 表示标题、ab 表示摘要、su 表示主题、TKA 表示标题摘要关键词。文献调查结果显示如下：

① 国外

PQD 获得检索结果为 105 条，除去重复、与主题不相关等文献后，获得相关文献有 37 篇。

② 国内

重庆维普的《中文科技期刊数据库》检索结果为 11 篇、万方数据的《中国学术期刊数据库》检索结果为 10 篇、清华同方的《中国学术期刊全文数据库》检索结果为 26 篇，除去重复、征文通知等，获得相关期刊论文累计 27 篇。清华同方《中国优秀博硕士学位论文全文数据库》检索结果为 141 篇、万方数据《中国学位论文全文数据库》检索结果为 16 篇、超星电子图书数据库检索结果为 0 篇、中国国家图书馆书目检索系统检索结果为 6 篇，除去重复、不相关的文献后，获得国内文献累计 57 篇。

2.2　国外研究现状分析

为提高检索结果的准确率，对国外文献的梳理分析采用主题检索，即将检索词限定在标题、摘要中。通过 PQD 国际联机检索系统，共获得国外文献 37 篇。关于用户体验视角下搜索引擎主题研究，主要集中在搜索引擎模型设计及评价、搜索引擎用户行为和搜索引擎评价对象方面的研究。

2.2.1　搜索引擎评价指标及模型设计

国外学者主要针对搜索引擎的某一具体问题或某几个问题设计模型或评价指标，围绕若干具体指标展开研究，如查全率、查准率、用户搜索满意度模型、技术接受模型分析用户行为、协同搜索引擎改善用户体验的元设计、图书馆搜索引擎导航系统等。

（1）研究搜索引擎的具体评价指标

Su Louise T（1998）[①] 等从终端用户角度采取实验从相关性、效率、效用、用户满意度以及链接性 5 个评价标准评估了 4 种 Web 搜索引擎。同时，测试了参与研究的 11 名匹兹堡大学的教职工及研究生，使用简单搜索表单，在 4 种搜索引擎上搜索个人

---

① Su LT, Chen Hsin-liang, Dong Xiaoying. Evaluation of web-based search engines from the end-user's perspective: a pilot study[J]. Pittsburgh, 1998(35):348 – 361.

主题信息的人机交互情况。

Leight H V（1999）① 等对搜索引擎评价指标引入了查全率、查准率，并提出了"相关性范畴"的概念。然而，影响搜索引擎的因素较多，搜索引擎模型设计及指标评价体系是搜索引擎的核心内容之一，也是评价搜索引擎的重要基础。因此，作者认为构建搜索引擎模型应该考虑多方面因素。作者对五款搜索引擎 Alta Vista、Excite、Hotbot、Infoseek 和 Lycos 从 15 个查询返回的前 20 个结果精准度进行测试和比较分析。研究结果认为：Lycos 在非结构化查询上的表现良好，Hotbot 在结构化查询上表现最佳。

Vaughan L（2004）② 提出一套评估网络搜索引擎性能的方法，其包括检索结果排名质量、检索顶部排名网页、稳定测量的网络搜索引擎性能评价指标。作者采用实验分析法，将引入的评估网络搜索引擎性能的方法，分析了包括 Google 在内的三款商业搜索引擎平台性能。

（2）搜索引擎模型设计与评价

美国辛辛那提大学 Presgrave Trevor（2015）③ 认为：协同搜索引擎是面向改善用户体验的元设计；搜索用户是协作完成搜索任务的工作组，研究了计算机支持协同工作发现最适合支持协同搜索的特征，并在此基础上提出了搜索引擎的元设计。此外，还提出了偶发事件可以让协作搜索变得更有用。最后，通过实证方式，检验了满足元设计搜索引擎的有用性。

加拿大圣弗朗西斯泽维尔大学 Ramaraj Palanisamy（2018）④

---

① Leighton H V, Srivastava J. First twenty precision among World Wide Web search services(search engines):AltaVista, Excite, Hotbot,Infoseek,Lycos[J]. Journal of American Society for Information Science,1999,50(10):870 – 881.

② Vaughan L. New measurement for search engine evaluation proposed and tested[J]. Information Procession & Management,2004,40(4):677 – 691.

③ Presgrave Trevor. Collaborative search engines：toward a meta-design for improving the user experience [D]. Cincinnati:University of Cincinnati,2015.

④ Ramaraj Palanisamy, Yifan Liu. Users' search satisfaction in search engine optimization[J]. Big data and IoT,2018:1035 – 1045.

等从用户角度出发，构建了搜索引擎优化中的用户搜索满意度模型。Ramaraj Palanisamy、Yifan Liu 一起构建的用户搜索满意度模型，首先设计了一个有效电子商务网站，并且在该网站上置入了搜索引擎，然后通过对加拿大某大学 101 名学生的搜索行为进行实证测试和验证，最后分析得出了影响用户搜索体验满意度的因素：用户属性、搜索设置限定、搜索引擎属性以及广告切入。作者将获得的结果数据分析验证了网站属性、搜索引擎界面内容设置、搜索问题对用户搜索满意度影响程度。

西班牙 Pedro R Palossanchez（2018）[①] 等采用 FIMIX – PLS 方法，研究了互联网中搜索引擎存在的可持续复杂性，分析了用户在持续面对互联网搜索引擎应用时，用户行为具有复杂性。作者以"信任"作为外变量，利用技术接受模型（Technology Acceptance Model，TAM）分析了搜索引擎用户行为。研究指出，"信任"会间接影响用户搜索引擎使用目的，也会影响搜索引擎的易用性、可用性。最后对西班牙地区不同地理区域的用户展开调查，验证了模型的真实性。研究还指出，利用 FIMIX – PLS 确定了搜索用户的三种不同搜索行为因素，即用户会根据自身喜好将互联网搜索引擎进行分组，搜索引擎中存在影响用户行为的三种因素，即环境对用户选择的影响、用户的可接受度以及地理区域因素。

Michael Omame Isaiah（2019）[②] 等从图书馆信息服务角度，基于可用性构建评估了图书馆网络搜索引擎导航系统。

2.2.2　搜索引擎用户行为

用户搜索行为影响搜索引擎的使用效果、用户体验。国外研究了不同类型搜索用户行为，包括中学生、老年人等。

[①]　Pedro R Palossanchez, Felix A Martinvelicia, Jose Ramon Saura. Complexity in the acceptance of sustainable search engines on the internet：an analysis of unobserved heterogeneity with FIMIX – PLS[J]. Complexity,2018(13)：1 – 19.

[②]　Michael Omame Isaiah, Petunola Abifarin Fasola, Jimmy Udoudoh Samuel. Usability evaluation of web search engines using navigational query model examples from library and information services[J]. I-Manager's Journal on Information Technology,2019(3)：1 – 10.

美国巴尔的摩大学 Kerber N R（2015）① 指出互联网时代给老年人移动搜索引擎的设计带来了挑战和发展机遇。Kerber N R 认为互联网可以丰富老年人生活，但是老年人在互联网上获取信息存在一定的困难和障碍，尤其是通过移动设备查找所需信息时，给老年人带来了诸多不便。比如，网站的移动介入设计较差、没有考虑老年人的年龄问题等。作者以老年人移动搜索引擎设计为研究对象，探讨老年人如何将移动搜索与其他屏幕、多种设备结合使用，并制定了符合老年人用户体验的友好搜索引擎界面设计指南。

Hahnel（2018）② 等从用户体验和有用性角度，研究了利用互联网搜索时，通过搜索结果可以评估搜索引擎的有用性，根据搜索引擎结果页面的链接（SERP）行为，评估了中学生的搜索技能。之后，作者于 2012 年调查了 416 名 15 岁左右的中学生参加国际学生评估项目（PLSA）计算机和德语学习的数据，利用混合模型（GLMMs）研究发现，阅读技能和水平影响网络搜索及在线信息批判能力。作者认为在评价网络信息时，阅读技能强的用户比阅读技能弱的用户更能使用好网络信息，搜索技能更高。

2.2.3 搜索引擎评价的对象：不同类型的搜索引擎

搜索引擎的类别众多，如旅游搜索引擎、图片搜索引擎、音乐搜索引擎等，各种搜索引擎质量不一，国外学者从不同的角度分析搜索引擎的功能及应用。国外研究者开展了针对不同类型搜索引擎的评价研究，构成搜索引擎的评价对象主要包括元搜索引擎、图像搜索引擎、儿童搜索引擎等。如 Elagoz M T（2008）③

---

① Kerber N R. Mobile search engines for senior citizens: design challenges and opportunities[D]. BALTIMO:UNIVERSITY OF BALTIMO,2015.

② Hahnel, Carolin, Goldhammer, et al. The role of reading skills in the evaluation of online information gathered from search engine environments[J]. COMPUTERS IN HUMAN BEHAVIOR,2018(10): 223 - 234

③ Elagoz M T,Mendeli M,Manioglulari R Z, et al. An empirical evaluation on meat-image search engines[J]. Bucharest,2008:135 - 139.

等调查了图像搜索引擎的检索性能，并通过实验评价了元图像搜索引擎。

Ghose A（2010）① 为旅游搜索引擎上的酒店设计排名系统以提高用户体验。研究认为：社交媒体平台、搜索引擎等为用户提供的服务内容正在改变消费者在线购物的方式。搜索引擎可以实现跨不同社交媒体平台创建信息，作者通过 Traelocity 使用包括三个月内通过文本挖掘、图像分类、社会地理标记、用户注释、地理地图绘制等技术的一组美国酒店预订数据，设计了考虑消费者属性（如不同出行场合、不同酒店特制）随机系数混合结构模型，根据模型为客户提供"最具价值"酒店。最后认为通过挖掘社交媒体可以将其融入用户需求评估模型中，进而在产品搜索引擎中生成排名系统。作者强调了社交媒体用户行为与搜索引擎之间的联系。

Artur 和 Karczmarczyk（2017）② 等基于语言查询评价图像搜索引擎质量。研究指出：互联网中拥有着海量的图片资源，可以满足不同用户的需求，但是实现基于图像内容检索及获取所需图像需要公开可用的图像搜索引擎以解决此问题。基于此，作者设计了一种基于语言内容查询的图像搜索引擎质量评价方法，并进行了样本测试和查询。

Gonzáez-IbáTez（2017）③ 等从搜索引擎检索结果可视化表示程度，研究了搜索引擎功能及对用户体验的影响。研究指出：目前主流搜索引擎检索结果显示主要采用了文本项的垂直列表方式，用户可以从中获取有用信息。作者比较了两种不同搜索结果

---

① Ghose A, Ipeirotis P G, Li B. Designing ranking systems for hotels on travel search engines to enhance user experience[J]. Marketing Science,2010(4):113.

② Artur, Karczmarczyk, Jarostaw, et al. Linguistic query based quality evaluation of selected image search engines[J]. Procedia Computer Science, 2017,112: 1809－1818

③ Gonzáez-IbáTez, Roberto, Proao-Ríos, et al. Effects of a visual representation of search engine results on performance, user experience and effort[J]. Proceedings of the Association for Information Science and Technology, 2017, 54(1):128－138.

显示方法：第一种是传统垂直列表方式，每页 10 个结果；第二种是包含 400 个结果的可视化方式。在此比较结果上还分析了两种表示方式对搜索引擎功能、用户体验的不同及影响效果。研究结果显示，搜索结果显示方式越多，越容易让用户形成足够的视觉体验，也不会影响用户体验和搜索引擎性能。

2.2.4　对国外现有研究的评述

从统计调查到国外文献主题分析可知，以用户行为、搜索引擎模型设计、不同类别搜索引擎应用为主，尚无关于用户体验的学术搜索引擎评价主题文献报道。国外搜索引擎相关的主题文献研究的特点及不足主要有以下几点。

（1）注重用户体验，强调"人性化"，坚持以用户行为为导向开展搜索引擎评价、模型设计等工作。从用户角度看，搜索引擎的存在最终目的是满足用户的各种类别信息需求。因此，满足用户信息需求应是搜索引擎评价的主要原则。在国外的搜索引擎评价及模型设计中，重视用户对评价研究的直接参与，可以使研究中的数据和信息客观、真实、直接、准确。

（2）注重搜索引擎的分类评价以及特定领域搜索引擎的评价研究。随着互联网的不断发展，海量信息增长及其分类化，使得国外搜索引擎趋向专业化领域的发展，不同类型搜索引擎的出现，满足不同群体的特定需求，如儿童、老年人、学术用户等。因此，将不同类型搜索引擎分类研究，细化不同评价指标和标准，可以深入分析对象特征，把握学科、种类的差异性。从国外研究中，也应该看到，暂无注重用户体验的学术搜索引擎的相关报道，这也说明对于该领域的研究有待进一步深入。

2.3　国内研究现状分析

2.3.1　时间分布

把握国内发表文献的时间分布，可以从宏观层面了解我国该主题文献的研究趋势、把握未来发展方向。因此，对统计到的国内文献涉及密切相关文献和相关文献，就时间分布分析如下。

由图 2-1 可知，国内有关该领域研究文献的时间分布较为分散，没有形成集中研究年份。最早的文献是 2007 年由何小丽撰写的《用户体验在搜索引擎营销策略中的作用研究》学位论文。从 2007 年第 1 篇到 2019 年的 1 篇时间段中，各年份中研究最多的是 2014 年 8 篇。13 年的时间内统计到 47 篇文献，年均发文量 3.62 篇。综上可知，有关该领域的研究虽然每年均有发文，且年发文量比较稳定，但是没有形成研究高峰期，其绝对总量较少。

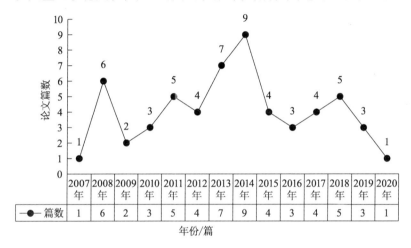

图 2-1　国内研究论文时间分布

2.3.2　主题分布

研究文献内容的主题分布，尤其是关于内容的分布情况，可以有效把握该领域的研究热点和发展方向。从有关用户体验与搜索引擎、学术搜索引擎关联的研究论文主体分布看，本研究涉及的主题主要有以下几个方面。

（1）搜索引擎用户行为

搜索引擎的用户行为是实现对搜索引擎功能应用、平台搭建、检索结果反馈等其他部分研究的首要内容，也是用户体验的主要因素。只有了解搜索引擎的用户行为，才能有针对性地进行其他方面的研究。

余锦秀（2013）[①] 基于用户行为分析搜索引擎自动评价技术，构建了包括网络检索日志自动提取查询词及用户行为、基于用户行为方法对查询词标准答案的自动标注以及检索结果评估机制在内的搜索引擎自动评价模型。

王婧（2013）[②] 根据用户使用搜索引擎所处不同阶段特点，对关键词广告领域进行实证分析，从用户对搜索引擎固有认知和关键词广告的内容和形式两方面，探究影响用户搜索认知和行为的因素。

刘健（2014）[③] 等设计搜索实验平台，在不影响用户正常搜索过程的前提下，收集用户的搜索行为及满意度评价，通过用户行为分析方法，挖掘用户群体行为特征与用户查询满意度之间关联关系。

朱鹏（2017）[④] 等探索了用户微信学术信息检索习惯和检索意图的影响因素，为服务提供商微信学术信息检索系统的设计提供借鉴。从用户行为、用户认知、社会交换理论和感知行为控制理论角度，探讨微信学术检索平台的用户学术检索行为的影响因素。

张辉（2018）[⑤] 等基于查询词飘红策略，研究了用户搜索行为，指出用户的搜索行为会根据搜索结果的检索词飘红来判定是否点击特定的网页；提出了三种文本飘红策略：缩减查询词飘红

---

①　余锦秀.基于用户行为分析的搜索引擎自动评价技术研究[D].北京邮电大学,2013.

②　王婧,宋培建,周耿,等.搜索引擎营销中关键词广告研究综述—基于用户行为的视角[J].南大商学评论,2013,9(01):121–140.

③　刘健,刘奕群,马少平,等.搜索引擎用户行为与用户满意度的关联研究[J].中文信息学报,2014,28(1):73–79.

④　朱鹏,朱星圳,刘子溪.微信学术检索用户行为分析与实证研究[J].情报学报,2017,36(08):843–851.

⑤　张辉,苏宁,刘奕群,等.文本飘红策略对搜索引擎用户行为的影响[J].清华大学学报(自然科学版),2018,58(08):703–709.

策略、任务级飘红策略和结果级飘红策略。

李德华（2018）① 从全文检索的原理出发，介绍搜索引擎和全文检索的索引原理和机制，实例创建 lucene 索引及管理索引。通过索引的目录结构和内容结构分析，讨论了基于 . net 平台如何使用 lucene 的索引功能创建搜索引擎。

（2）搜索引擎功能的设计与开发

一个完整的搜索引擎需要具备四个部分，即搜索器、索引器、检索器和用户接口，搜索引擎起到了架接用户与网络之间的桥梁作用。因此，从搜索引擎功能的设计和开发上讲，需要整合搜索引擎的能力，提供统一、智能、个性化的搜索界面，才能让用户更好地实现良好的用户体验。

崔丽杰（2008）② 等建立基于用户自身信息和其他用户访问信息的挖掘，得到用户兴趣向量，经过滤得到的检索结果能够满足用户个人爱好，并设计了个性化搜索引擎系统。

何友全（2010）③ 等介绍了包括抓取网页、索引和检索在内的搜索引擎用户界面实现技术，并设计如何在建立好的索引库中检出用户感兴趣网页。

王楠（2012）④ 等分析了现有的搜索引擎技术，设计了面向个人用户的专用搜索引擎。在专用搜索引擎中，由用户指定网络爬虫程序抓取的站点集，在用户设定的关键词集和要查询的文档格式基础上，进行有针对性的搜索，提高了搜索引擎的效率，为用户提供个性化搜索服务。

———————————

① 李德华,巩宇,张自锋,等.基于.net 构建海量非结构文本与用户行为协同的搜索引擎研究[J].软件工程,2018,21(05):42 - 47.

② 崔丽杰,刘伟.基于用户兴趣的个性化搜索引擎的设计[J].计算机与现代化,2008(07):1 - 4.

③ 何友全,徐小乐,徐澄,等.搜索引擎用户接口设计[J].重庆理工大学学报(自然科学版),2010,24(09):63 - 68.

④ 王楠,刘彩红,刁振军.个人用户专用搜索引擎的设计与实现[J].价值工程,2012,31(21):193 - 194.

王文超（2014）① 等用户体验桌面是搜索引擎的重要组成，并设计分析了基于安卓系统的桌面搜索引擎，认为这种搜索引擎应包括布尔查询、统配符查询、项查询等功能。

何苇（2014）② 基于社区通信息化平台信息检索服务设计实现了查询扩展模块的实现方案，帮助社区通用户准确地在海量数据信息中找到满足自己需求的信息。作者采用了以下两种用户兴趣特征：① 采用查询扩展的方法对用户提供的查询关键词进行同义词扩展，优化检索结果；② 挖掘用户个性化兴趣特征优化信息检索查询结果，优化检索结果。

侯志晗（2016）③ 分析了流行购物搜索引擎用户体验存在的问题，并从用户视觉体验、逻辑规则两个层面设计具有语音搜索和动态摘要功能的搜索引擎。

刘铭瑶（2019）④ 从用户体验角度，分析百度搜索引擎移动端的发展现状并提出优化策略。

姜莹（2014）⑤ 从网站品牌、内容、功能和可用性量化视频搜索引擎用户体验方面，设计了用户数据收集系统，用于评价网站体验指标值的定量计算、分析和优化。

（3）不同类型搜索引擎的功能评价与优化

搜索引擎的类型非常多，面向用户的不同类型搜索引擎能够快速、准确、全面反映网络信息，切合用户需要是最终极目标。那么，对各种类型搜索引擎的功能进行评价、对搜索引擎存在问题提出优化改进措施，也是研究的主要内容之一。

---

① 王文超,亢焕楠.基于安卓系统的桌面搜索引擎的设计研究[J].电子技术与软件工程,2014(16):50.
② 何苇. 搜索引擎中查询扩展模块的设计与实现[D].北京邮电大学,2014.
③ 侯志晗. 基于用户体验的搜索引擎设计研究[D].北京邮电大学,2016.
④ 刘铭瑶.基于用户体验的百度移动端搜索引擎设计探析[J].传媒论坛,2019,2(13):117-118.
⑤ 姜莹. 基于用户体验评价的搜索引擎前台设计与开发[D].北京邮电大学,2014.

徐意能（2008）[①] 等认为搜索引擎有效性的用户体验包括内容的准确性、内容的直接性，并以此评价标准对 AOL、Google、MSN、Yahoo 四种主流搜索引擎进行用户体验评估，有效解释了搜索引擎特征与用户体验之间的关系。

吴宏（2008）[②] 构建了包括索引库、检索功能、检索效果、用户交互以及站点流行度在内的中文搜索引擎评价指标，并从用户体验角度分析比较 Google、搜狗、爱问、百度四种常用中文搜索引擎。

王缪璞（2010）[③] 从软件工程角度，对搜索引擎服务的可用性评估，并对 Google、Yahoo、Bing、Ask.com 四种主流搜索引擎在用户获取医学健康信息方面的表现，包括返回结果内容、数量等进行比较和评估。

于施洋等（2012）[④] 等提出了政府网站可见性的六个要素模型，并从中国政府网站搜索引擎可见性存在的主要问题、具体表现及产生的原因进行分析，指出未来中国政府网站搜索引擎优化的若干对策和建议。

裴一蕾（2013）[⑤] 等建立了基于用户体验的搜索引擎评价指标体系，并采用层次分析法，构建基于用户体验的搜索引擎模糊综合评价的数学模型。

[①] 徐意能,陈硕.基于用户体验的搜索引擎有效性评估研究[J].人类工效学,2008(03):9-12,73.

[②] 吴宏.中文搜索引擎用户体验比较[J].农业图书情报学刊,2008(08):125-130.

[③] 王缪璞.基于用户体验的互联网搜索引擎医学信息检索可用性评估研究[D].吉林大学,2010.

[④] 于施洋,王建冬,刘合翔.基于用户体验的政府网站优化:提升搜索引擎可见性[J].电子政务,2012(08):8-18.

[⑤] 裴一蕾,薛万欣,赵宗,等.基于用户体验视角的搜索引擎评价研究[J].情报科学,2013,31(05):94-97,112.

黎邦群（2013）① 对 OPAC 优化背景、搜索引擎与用户体验优化概况、用户体验与访问质量等进行研究。作者认为采用简短域名、使用规范的 Html 标签、放置科学合理的关键词及提升用户体验等优化策略，可以重视 OPAC 的搜索引擎与用户体验优化工作。

刘敏（2015）② 构建了基于用户体验的搜索引擎评价指标体系，并采用定性和定量结合的方法，对国内外 Google、Yahoo、Bing、百度等十余款主流搜索引擎进行评估，并从资源内容与文件种类、检索界面与逻辑匹配、页面操作与人机交互、视觉设计与色彩搭配等方面提出了优化改进措施。

王若佳（2016）③ 等从用户体验视角出发，采用实验研究方法，分析比较"有问必答""好大夫在线"和"39 健康搜"这 3 个健康类搜索引擎的有效性、效率和满意度。最后，建立全面且有效的健康信息评价指标体系。

刘敏（2018）④ 从用户体验视角出发，选用国外图像学术搜索引擎 OPENI 为研究对象，从文献来源、检索功能、结果展示和个性化服务四方面分析。

虞为（2020）⑤ 等分析了百度学术搜索引擎的信息内容获取情况，确定评估指标，然后从百度学术信息内容的免费性、时效性、权威性和全面性四个方面进行数据搜集和分析，最后对百度学术和谷歌学术进行对比分析。

---

① 黎邦群. 基于搜索引擎与用户体验优化的 OPAC 研究[J]. 中国图书馆学报，2013,39(04):120-129.

② 刘敏. 基于用户体验的中英文搜索引擎实证对比研究[J]. 图书馆学研究,2015(04):59-65.

③ 王若佳,李月琳. 基于用户体验的健康类搜索引擎可用性评估[J]. 图书情报工作,2016,60(07):92-102.

④ 刘敏,曹小宇. 用户体验视角下图像学术搜索引擎的应用研究——以 OPENI 为例[J]. 情报探索,2018(08):69-76.

⑤ 虞为,翟雅楠,陈俊鹏. 百度学术用户体验信息内容研究[J]. 情报杂志,2020,39(02):134-139,168.

（4）学术搜索引擎的评价

学术搜索引擎通过科学组织、管理和维护网络中的学术信息，为用户提供一个检索入口，以快速获得网络学术信息的通道。与搜索引擎类似，学术搜索引擎也有学术信息搜索器、索引器、检索器和用户接口。对学术搜索引擎评价研究，可以让学术搜索用户更好地把握其功能特点、平台优势等，更好地利用使用学术搜索引擎搜索学术资源。

刘敏(2014)[①]选用学术搜索引擎 Google Scholar、Microsoft Academic Search、百度学术搜索和 360 学术搜索，从文献来源、检索功能、检索结果和个性化服务四方面分析，并结合检索实例，采用对比分析法，比较四者检索结果返回方式、返回条目等的异同，最后得出四者在学术信息容量、检索功能、引文分析、人机交互度、用户定位和用户整体体验评价六方面的优势与不足，以期为用户选择合适的学术搜索引擎提供参考。

周义刚(2014)[②]针对北京大学图书馆在推广未名学术搜索中遇到的相关问题，如中文分词、中文检索、全文链接不稳定等，提出相应的解决方法。通过设计检索入口、广泛宣传、加强培训、提供人员支持等方式推广未名学术搜索服务，并通过二次开发提升了用户体验效果。最后，通过数据统计展示未名学术搜索资源发现服务推广的效果。

魏瑞斌(2017)[③]从用户体验的视角，分析百度学术的功能。首先，将百度学术的功能分为检索功能、检索结果展示和个性化服务三部分。然后，选择不同的检索词实施检索，比较分析检索结果，并利用百度学术提供的相关搜索词，从用户检索角度，对17 种图书情报学期刊的关联性进行了实证研究。最后发现：

① 刘敏.中英文学术搜索引擎的对比研究[J].图书馆学研究,2014(24):29-35.
② 周义刚,聂华,廖三三.北京大学资源发现服务推广探析——以未名学术搜索为例[J].图书情报工作(20):69-74.
③ 魏瑞斌,郭一娴.基于用户体验的百度学术应用研究[J].现代情报,2017,37(05):89-97.

① 百度学术可以满足用户基本的学术信息检索需求；② 百度学术为用户提供了较为丰富的筛选功能，便于用户从检索结果查找所需学术信息，同时为用户提供了与检索结果相关的推荐信息；③ 百度学术的个性化服务可以满足用户对检索结果的管理需求，为用户提供学术信息的推荐服务。

裴一蕾等（2017）[①]从用户体验视角研究用户忠诚，构建了用户体验与用户忠诚关系的研究模型；对201名搜索引擎用户的问卷调查分析后，认为搜索引擎有用性和易用性相互影响、搜索引擎有用性和易用性对用户体验有显著的正向影响、搜索引擎用户体验对用户满意有显著的正向影响、搜索引擎用户满意对用户忠诚有显著的正向影响。

胡玮（2018）[②] 从学术搜索的界面、资源类型、检索的易用性和用户体验等方面对比百度学术、知网学术、万方学术、读秀学术、百链学术等学术搜索引擎，认为百度学术具有适应性广、智能化检索功能高和具备"研究点分析"特点；知网、万方资源保障率高，检索结果准确；读秀和百链资源类型多。

姜霖等（2019）[③] 针对传统学术检索系统常从被引次数、发表时间、标题的相关性等单一角度对检索结果进行排序，忽略了文献引证关系和引用内容中蕴含的情感观点造成的文献内在价值波动，导致文献排名区分度不够等系列存在的问题。笔者通过测试后研究认为，引用情感交互的检索排序方法比传统基于被引次数以及 PageRank 的排序方法效果更好，能综合考虑多种因素对文献内在价值的影响，可以使文献价值判断更为客观和准确。

2.3.3　对国内现有研究评述

通过对国内现有文献进行梳理发现，我国关于用户体验的搜

①　裴一蕾,薛万欣,李丹丹.基于 TAM 的搜索引擎用户体验与用户忠诚关系的实证研究[J].情报科学,2017,35(01):84 - 87,114.

②　胡玮.中文学术搜索引擎比较研究[J].情报探索,2018(01):49 - 55.

③　姜霖,张麒麟.基于引用情感交互的学术检索结果排序方法研究[J].情报理论与实践,2020,43(06):172 - 179.

索引擎主题研究文献主要涉及四方面，即搜索引擎用户行为、搜索引擎功能设计与开发、不同类型搜索引擎功能评价与优化、学术搜索引擎的评价。

从用户行为角度来看，对于用户体验视角的搜索引擎研究，业内研究认为需要建立用户搜索行为的引导机制、搜索结果的反馈机制。从以上关联文献的研究来看，用户行为是用户体验评价搜索引擎的重要指标。增加搜索引擎与用户沟通途径，才能进一步了解搜索用户需求，实现搜索引擎实施改进搜索服务，提高搜索用户的黏度和忠诚度。搜索引擎的存在是服务于搜索用户要求、用户搜索行为理想、体验效果好，就必然会提高用户的满意度，也就能促进搜索引擎的发展。

从搜索引擎界面设计与开发角度看，绝大部分研究主要是如何从技术层面和内容设计方面，实现搜索引擎的用户体验。从内容上来讲，搜索引擎加强从用户接口、索引器、检索器、搜索器等层面功能的优化，尤其应在用户行为、用户满意度、用户兴趣等角度来设计。未来搜索引擎市场的发展，不仅仅是提供一个简单的搜索框，设计开发出面向用户智能、高效的搜索界面更是值得深入研究的方向。

从不同类型搜索引擎的评价与优化来看，主要是采用案例研究、实验分析等方法，对不同类型的搜索引擎进行评价，包括主流搜索引擎、图像搜索引擎等。研究多注重搜索引擎检索性能、检索效果的评价，包括易用性、可用性等多个角度分析。

2.4　本章小结

综上调查研究分析文献可知，对综合型商业搜索引擎开发的学术搜索功能，如百度学术、搜狗学术、360 学术等，服务于广大学术搜索用户的现状，除笔者陆续发表的有关搜索引擎、学术搜索引擎的评价指标外，业内研究更多侧重于典型学术搜索引擎应用评价，并将专业数据库开发的学术搜索引擎围绕用户界面、收录资源、易用性、可用性、有效性等方面展开研究。如知网学术、万方学术、读秀学术、Web of Science 等，或者将该类搜索引擎与综合型商业搜索引擎开发的学术搜索进行对比研究。而专业数据库开发的学术搜索引擎功能明显优于综合型商业搜索引擎开发的搜索功能，且在文献资源、收录来源、检索功能等方面，二者存在明显差异性。因此，笔者将单独研究商业搜索引擎开发的学术搜索功能，后续章节也将从用户体验视角出发，研究用户对该类学术搜索引擎使用的用户行为，并从视觉体验、逻辑规则体验两个维度系统研究和评价该类学术搜索引擎。

第3章　学术搜索引擎发展的互联网应用基础

　　作为互联网基础应用之一的搜索引擎，帮助网民实现互联网中各类数字信息资源的获取，在网民的日常生活、学习、工作及获取信息等活动中占据着十分重要的作用。不论是 PC 互联网时代，还是移动互联网时代，学术搜索引擎是学术用户获取互联网市场上各类学术服务的主要入口。本章主要介绍中国互联网资源、网民属性以及搜索引擎用户规模、属性、满意度、信任度和品牌搜索引擎的发展情况，为后续研究学术搜索引擎用户体验、用户搜索行为等研究内容提供数据支撑、技术支持等互联网的应用基础。

　　丰富的互联网资源、日益增长的网民规模，为我国搜索引擎及学术搜索引擎的发展提供了潜在的用户基础。本章从学术搜索引擎所在的互联网市场变化发展角度出发，主要分析 2010—2020 年中，我国互联网、网民规模等内容的变化，以增进对我国学术搜索引擎互联网环境的认知。数据来源是 2010 年 1 月—2020 年 6 月的 10 年时间内，中国互联网信息中心（简称 CNNIC，下同）每年两次(上半年、下半年各一次)的《中国互联网络发展状况统计报告》以及每年一次的《中国网民搜索引擎使用情况研究报告》实时发布的第一手资料、数据，通过整理汇总后分析获得。数据整理来源于中国互联网信息中心 2010—2020 年发布的第 25 次《中国互联网络发展状况统计报告》到第 46 次《中国互联网络发展状况统计报告》、2010—2020 年发布的《中国搜索引擎市场研究报告》①。

3.1 近十年来我国互联网市场的发展现状

一般说来，互联网基础资源建设包括互联网基础资源、互联网资源应用、互联网接入环境。其中，互联网基础资源包括 IP 地址（IPv4、IPv6）、域名、国际出口带宽等，常见的互联网资源应用包括网站、移动互联网接入流量、App 数量及分类等。

3.1.1 近十年来我国互联网资源的变化

近十年来，我国互联网资源总体变化趋势：IP 地址总体趋势逐年增加、域名资源丰富且种类繁多、国际出口带宽数增幅明显。

（1）IP 地址总体趋势逐年增加

IP 地址主要包括 IPv4 和 IPv6 两种地址资源。由图 3-1 可知，近十年来我国 IPv4 地址数及其增长情况。由于全球 IPv4 地址数已于 2011 年 2 月分配完毕，因此，自 2011 年开始至今，我国的 IPv4 地址总数基本维持不变，截至 2019 年 12 月，我国的 IPv4 地址数达到 38751 万个；到 2020 年 6 月，我国的 IPv4 地址数为 38907 万个。

由图 3-2 可知，近十年来我国 IPv6 地址数逐年增加。从 2010 年 6 月的 395 块/32，快速增长发展到了 2019 年 6 月的 50286 块/32，较 2018 年底增长了 14.3%，跃居全球第一位。2019 年 12 月，我国 IPv6 地址数继续增加到了 50877 块/32，而到 2020 年 6 月时，我国 IPv6 地址数为 50903 块/32。这说明，我国互联网资源 IPv6 地址数在世界范围内拥有着相当的数量优势。

---

① 数据整理来源:中国互联网信息中心.统计报告[EB/OL].[2020 − 08 − 10].ht-tp://www.cnnic.net.cn/hlwfzyj/hlwxzbg/hlwtjbg/
中国互联网信息中心.搜索报告[EB/OL].[2020 − 08 − 10].http://www.cnnic.net.cn/hlwfzyj/hlwxzbg/ssbg/

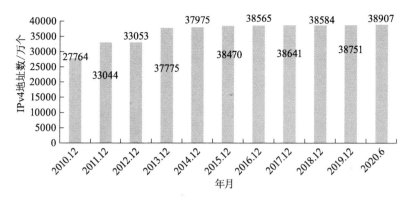

图 3-1　近十年来我国互联网资源 IPv4 地址数变化趋势

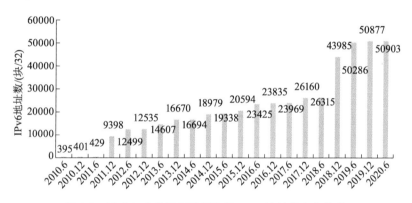

图 3-2　近十年来我国互联网资源 IPv6 地址数变化趋势

（2）域名资源丰富、种类繁多

域名属于因特网（Internet）上某个区域的名字，它是定义该区域主机的名字，即个人或机构在因特网上的注册地址。① 完整域名在因特网上的地址是唯一的，因此，域名资源的多少反映着互联网资源的丰富与否。由图 3-3 近十年来我国互联网资源域名总数变化趋势显示，除个别年份（如 2017 年、2018 年）域名总数有所回落以外，其余各年域名总数相对于前一年均处于明显的

---

① 刘敏,许伍霞,曹小宇. 信息检索与利用［M］. 镇江:江苏大学出版社,2019:76.

增长趋势。2019 年 12 月底，我国的域名总数达到 5094 万个，域名资源丰富。

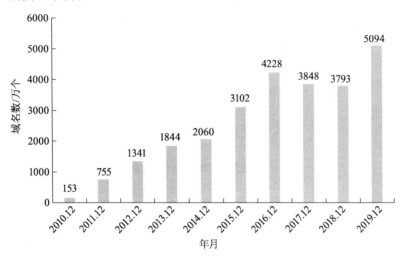

图 3-3　近十年来我国互联网资源域名数变化趋势

其中，2010 年 12 月—2020 年 6 月的十年时间中，".CN"域名总数逐年增加的变化趋势比较明显（见图 3-4）。截至 2019 年 12 月，".CN"域名数量为 2243 万个，较 2018 年底增长了 5.6%，占我国域名总数的 44%。而到 2020 年 6 月，我国国家和地区顶级域".CN"数量为 2304 万个，较 2019 年底增长 2.8%。另外，".COM"域名数量为 1492 万个，".中国"域名数量为 170 万个，".NET"域名数量为 107 万个，".ORG"域名数量为 16.7 万个，".BIZ"域名数量为 4.5 万个，".INFO"域名数量为 3.4 万个，"NEW gTLD"域名数量为 1013 万个，其他域名数量为 43 万个。这也说明，我国的域名资源总量和种类十分丰富。

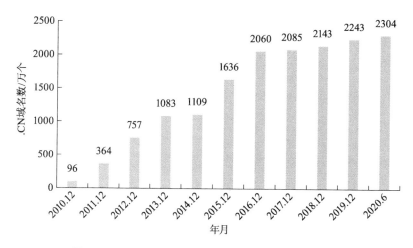

图 3-4　近十年来我国互联网.CN 域名总数变化趋势

除 IP 地址、域名等互联网资源以外,目前我国的国际出口带宽数为 8827. 751 Mbps,比 2018 年底增长了 19. 8%,增幅比例明显。

3. 1. 2　近十年来我国互联网资源应用的变化

我国互联网资源应用的主要形式有网站、网页、移动互联网接入流量、App 数量及分类四种形式。近十年来我国互联网资源应用变化总体趋势:网站数量庞大,增幅比例有所回落;网页资源逐年增加,增幅比例明显;移动互联网接入流量增幅迅猛。

(1)网站数量庞大,增幅比例有所回落

网站主要是指域名注册者在中国境内注册的网站。由图 3-5 显示可知,近十年来我国的网站数量庞大,但增幅比例近年有所下降。截至 2019 年 12 月,我国网站数量为 497 万个,较 2018 年底下降了 5. 1%。到 2020 年 6 月,我国网站数量为 468 万个,较 2019 年底下降了 5. 8%

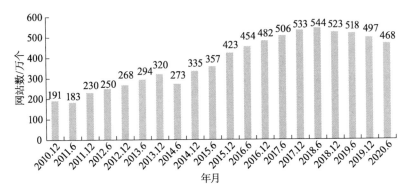

图3-5 近十年来我国互联网网站资源变化趋势

（2）网页资源逐年增加，增幅比例明显

2010年以来的近十年时间里，我国互联网资源应用的网页资源逐年增加，年增幅比例达到5.8%～43%，增幅比例明显。由图3-6显示可知，截至2019年12月，我国网页资源数量增至2978亿个，较2018年底增长了5.8%。

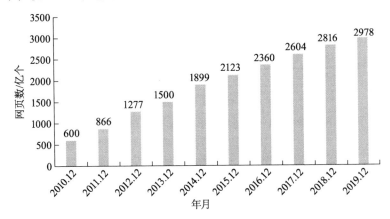

图3-6 近十年来我国互联网网页资源变化趋势

（3）移动互联网接入流量增幅迅猛

因数据可获得性，暂获取到 2013 年至今我国移动互联网络接入流量的变化情况。由图 3-7 显示可知，近年来我国移动互联网络接入流量增长趋势迅猛，从 2013 年 12 月的 12.7 GB 到 2015 年 12 月的 41.9 GB，两年增幅 3.3 倍；再到 2017 年 12 月的 245.9 亿 GB，两年增幅 5.87 倍；再到 2019 年 12 月的 1220 亿 GB，增幅达到 4.96 倍。由此可知，每两年增幅比例达到 3 倍以上，这说明我国移动互联网接入流量增幅迅猛，移动网络设施设备健全、网民使用量庞大。

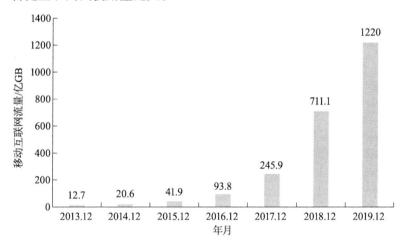

图 3-7　我国近年来移动互联网络接入流量变化

综上所述，不论是互联网资源的 IPv6、IPv4、域名，还是互联网资源应用下的网站、网页、移动互联网接入流量等变化情况，都足以说明我国拥有着海量的互联网资源，这给网民获取所需数字信息资源带来了极大的方便，为我国搜索引擎市场的发展提供了数据支撑的可能，也为搜索用户需要通过搜索引擎获取所需信息打下了基础。

3.1.3 近十年来我国互联网应用的网民规模变化①

通过对我国网民规模和普及率、手机网民规模及普及率、搜索引擎用户规模及使用率、手机搜索引擎用户规模及使用率等可以有效掌握我国互联网市场的中国网民规模、网民层次等的发展现状。

（1）我国互联网网民规模及普及率逐年增加

由图 3-8 可知，近十年来，我国互联网网民规模及普及率逐年增加。我国互联网网民规模从 2010 年 12 月的 45730 万人增至 2015 年 6 月 66769 万人，再增至 2019 年 12 月的 85449 万人，到 2020 年 3 月时，我国互联网网民规模人数已经达到了 90359 万人，互联网普及率达到 64.5%。截至 2020 年 6 月，我国互联网网民规模达 9.4 亿，互联网普及率达 67%，较 2020 年 3 月提升了 2.5 个百分点。

图 3-8 近十年来我国网民规模及其互联网普及率

① 中国互联网信息中心. 第 46 次中国互联网络发展状况统计报告［EB/OL］. （2020 – 09 – 29）［2020 – 12 – 12］. http://www. cnnic. net. cn/hlwfzyj/hlwxzbg/hlwtjbg/202009/t20200929_71257. htm

中国互联网信息中心. 2019 年中国网民搜索行为调查报告［EB/OL］. （2019 – 10 – 25）［2020 – 02 – 24］. http：// www. cnnic. net. cn/hlwfzyj/hlwxzbg/ssbg/201910/t20191025＿70843. htm

（2）我国手机网民规模及网民占比逐年增加

随着移动互联网技术的进一步发展，我国手机网民用户规模和网民占比逐年增加。近十年来，我国手机网民规模从 2010 年 12 月的 30274 万人（手机网民占整体网民比例 66.2%），增至 2015 年 12 月的 61981 万人（手机网民占整体网民比例 90.1%），到 2020 年 3 月时达到 89690 万人（手机网民占整体网民比例 99.3%），2020 年 6 月时，我国手机网民达到了 93236 万人（手机网民占整体网民比例 99.2%）。由图 3-9 可知，我国手机网民规模逐年增加，手机网民占整体网民的比例较大。

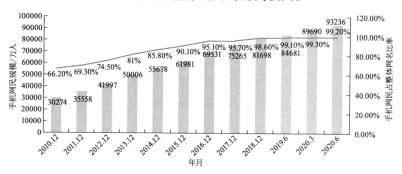

图 3-9　近十年来我国手机网民规模及占比

总的说来，截至 2020 年 3 月，我国网民规模、手机网民规模都达到了空前最高值，互联网普及率达到 64.5% 以上，网民使用手机上网比例达到 99.1% 以上。综上，我国网民规模的庞大，给互联网各种应用模块的发展和使用带来了充裕的用户基础。

3.2 近十年来我国搜索引擎市场的发展现状①

为进一步探究搜索引擎用户市场现状，将近十年来我国搜索引擎市场发展现状进行统计分析，具体包括用户规模及使用率、手机搜索引擎用户规模及使用率等。

3.2.1 用户规模逐年增加

（1）我国搜索引擎用户规模逐年增加

搜索引擎作为互联网应用的主要内容之一，在网民的日常信息获取、信息检索、信息分析等信息活动中占据着十分重要的地位，反映在我国搜索引擎市场用户规模的逐年增加的变化趋势更加说明其重要性。

由图3-10显示可知，近十年来我国搜索引擎用户规模数逐年增加，从2010年12月的37453万人，增至2015年12月的5.66亿人，到2020年3月，搜索引擎网民规模达到7.5亿人，网民使用率达到83%。截至2020年6月，搜索引擎网民规模达到7.65亿人，网民使用率达到81.5%。

---

① 数据整理来源：中国互联网信息中心. 2016年中国网民搜索行为调查报告［EB/OL］.（2018 - 01 - 09）［2020 - 02 - 25］. http：// www. cnnic. net. cn/hlwfzyj/hlwxzbg/ssbg/201801/t20180109＿70143. htm

中国互联网信息中心. 2019年中国网民搜索行为调查报告［EB/OL］.（2019 - 10 - 25）［2020 - 02 - 25］. http：// www. cnnic. net. cn/hlwfzyj/hlwxzbg/ssbg/201910/t20191025＿70843. htm

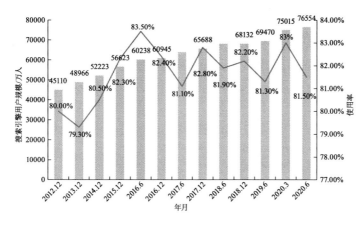

图 3-10　近十年来我国搜索引擎用户规模及使用率

（2）我国手机搜索引擎用户规模逐年增加

随着移动互联网的发展，品牌搜索引擎先后推出了 App 应用程序，加上智能手机用户规模的增加，使得当前我国手机搜索引擎用户规模也逐年增加。

由图 3-11 显示，手机搜索引擎用户规模从 2011 年 12 月的 22081 万人，增至 2015 年 12 月的 47784 万人，到 2019 年 6 月，手机搜索引擎用户规模继续增加到 74353 万人，占网民规模的 83.1%。截至 2020 年 6 月时，我国手机搜索引擎用户规模达到 76078 万人，占网民规模的 81.6%。

图 3-11　近十年来我国手机搜索引擎用户规模使用率

在当前的移动互联网时代，由于手机端各类垂直应用的分流影响等因素，搜索引擎在网民日常生活中的用户规模正在逐步增加，使用率增长速度有所下降，如 2019 年 6 月，搜索引擎使用率为 81.3%，较 2018 年底下降 0.9 个百分比；2019 年 6 月，手机搜索引擎用户占手机网民的 78.2%，较 2018 年底下降 1.8 个百分点。2020 年 6 月，手机搜索引擎用户占手机网民的 81.6%，较 2020 年 3 月，下降 0.3 个百分点。

（3）搜索用户访问设备以手机为主，其次为电脑或笔记本

对使用搜索引擎的搜索用户访问设备统计可知，97.1% 的搜索用户通过手机搜索，65% 的搜索用户通过台式电脑或笔记本电脑搜索。

2019 年以来，我国个人互联网应用保持稳步发展势态。截至 2019 年 6 月，搜索引擎网民规模和网民使用率排名第三，仅次于即时通信（82470 万人、96.5%）、网络视频（75877 万人、88.8%），手机搜索网民规模和网民使用率排第二，仅次于手机即时通信（82069 万人、96.9%）。而到 2020 年 3 月时，搜索引擎网民规模和网民使用率（75015 万人、83%）排名第二，仅次于即时通信（89613 万人、99.2%）。

通过以上数据分析可知，我国互联网搜索引擎用户规模十分庞大，这些网民用户中的一部分为学术用户，他们需要通过学术搜索引擎获取所需网络中的数字信息资源。

3.2.2　我国搜索用户的主要属性[①]

（1）年龄层次

由图 3-12 可知，在我国搜索引擎用户群体的年龄层次分布情

---

① 数据整理来源：中国互联网信息中心. 2016 年中国网民搜索行为调查报告 [EB/OL]. (2018 – 01 – 09) [2020 – 02 – 25]. http：//www.cnnic.net.cn/hlwfzyj/hlwxzbg/ssbg/201801/t20180109＿70143.htm

中国互联网信息中心. 2019 年中国网民搜索行为调查报告 [EB/OL]. (2019 – 10 – 25) [2020 – 02 – 25]. http：//www.cnnic.net.cn/hlwfzyj/hlwxzbg/ssbg/201910/t20191025＿70843.htm

况中，中青年是搜索引擎的主要用户群体。49 岁及以下年龄用户在搜索引擎整体用户中占比为 90.2%，20 ~ 39 岁年龄段的搜索用户在搜索引擎整体用户中占比超过 50%。这说明，我国搜索引擎用户年龄结构以中青年为主，其中，20 ~ 29 岁年龄段搜索用户群体比例最高，达到 27.4%。综上，我国搜索引擎用户群体年龄分布呈现出年轻化趋势。

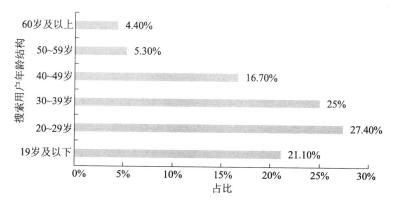

图 3-12　2019 年我国搜索引擎用户年龄构成

（2）学历结构

由图 3-13 可知，我国搜索引擎的主要用户群体学历层次以中高学历为主。学历为初中的占比最高，为 36.7%，达到 2.55 亿人；学历在高中/中专/技校的占比为 25.2%，达到 1.75 亿人；学历在大学专科及其以上的 23.2%，达到 1.61 亿人。从现有搜索引擎调查数据来看，高学历层次的搜索用户很有可能接触或使用过学术搜索引擎，以完成课程论文、开题报告、毕业论文设计等。同时，潜在的学术搜索用户群体较大，这也是本书研究的主要用户群体来源。

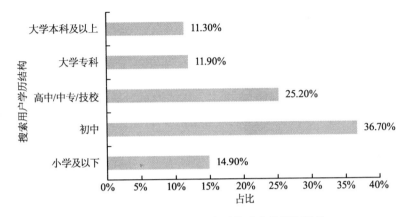

图 3-13 2019 年我国搜索引擎用户的学历结构

3.2.3 我国搜索引擎服务的主要内容①

应用场景,即用户在什么时候会使用到搜索引擎提供的相关服务。相比其他方面互联网资源的应用内容,搜索引擎在工作、学习、查找法律或医疗等专业内容方面的使用率最高,其属性明显高于娱乐、休闲等内容的应用,成为用户查找专业信息的重要工具。这也为我国学术搜索引擎的发展提供了必要的互联网应用基础。

由图 3-14 可知,搜索用户在工作、学习场景下使用搜索引擎的比例最高,占比 76.5%。而这一部分比例中,有较大部分的用户群体属于学术搜索用户。基于此,第 4 章开展的学术搜索用户搜索行为的调查,包括学术用户使用搜索引擎服务的主要目的、内容等。其次,查找医疗、法律等专业知识场景,使用率为70.5%,使用率排名第二。这一部分搜索用户的应用场景内容,除医疗、法律等知识咨询、应用,也有可能获取相关的学术信息。其余的应用场景包括新闻、娱乐、软件、出差、购物、生活

---

① 数据整理来源:中国互联网信息中心. 2019 年中国网民搜索行为调查报告[EB/OL]. (2019 - 10 - 25)[2020 - 02 - 25]. http://www.cnnic.net.cn/hlwfzyj/hlwxzbg/ssbg/201910/t20191025_70843.htm

等，基本涉及的是与网民日常生活、休闲娱乐密切相关的内容。

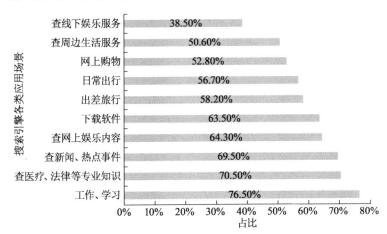

图 3-14　2019 年我国搜索引擎服务应用场景的使用率

3.2.4　我国搜索引擎用户的体验效果及评价

《2019 年中国网民搜索行为调查报告》通过用户使用总体评价、满意度、信任度、综合品牌渗透率、广告认知和辨识度等方面，对我国搜索引擎用户使用体验效果进行数据统计分析。从调查数据统计结果来看，我国搜索引擎用户体验效果及评价比较简单。

（1）搜索用户使用总体评价。搜索用户总体认为对现有搜索引擎提供的服务使用体验效果总体较好。在我国搜索引擎用户群体中，77.3% 以上的用户认为可以通过搜索引擎找到自己所需的目标信息，18.7% 的搜索用户认为很难找到自己所需的目标信息。

（2）搜索引擎用户满意度。该项内容统计获得数据较为简单，搜索引擎用户对搜索引擎提供的服务满意度较高。数据显示，84.9% 的搜索引擎用户对该项服务表示满意，仅有 15.1% 的用户表示不满意或没有想过这个问题。

（3）搜索引擎用户信任度。用户对搜索引擎提供的搜索结果信任度数据显示，71.5%的搜索引擎用户对搜索结果表示信任，相比搜索引擎用户满意度的数据低；28.5%的搜索用户对搜索结果不信任或没想过这个问题。究其原因，造成搜索引擎搜索结果信任度低是因为：其一，搜索结果没有完全或者仅部分符合搜索用户的搜索需求；其二，搜索结果按照竞价规则排序，使得符合搜索语法规则的搜索结果排序较后；其三，搜索用户自身原因，没有输入准确地搜索语句。

（4）搜索引擎品牌渗透率。渗透率[①]表示过去半年时间以内使用过某种类型搜索引擎的网民数量占总网民数量的百分比。渗透率主要反映品牌搜索引擎在用户群中的认知度水平。品牌渗透率是指询问网民最久半年是否使用过某类搜索引擎应用或某个搜索网站。品牌渗透率=回答半年内使用过某类搜索引擎应用或某个搜索网站的网民/搜索引擎样本总数。

搜索用户对搜索引擎的认知度、影响力等综合评价指数，包括手机品牌渗透率、PC品牌渗透率。国内搜索引擎品牌综合渗透率排名前三的为百度搜索、搜狗搜索、360搜索。百度搜索在搜索引擎用户中的渗透率为90.9%，其次为搜狗搜索53.5%、360搜索46.1%、神马搜索31.1%、必应搜索10.7%、中国搜索3.8%。

搜索用户在PC端和手机端搜索时，呈现出不同的搜索行为。在PC端搜索引擎品牌渗透率统计中，百度搜索的渗透率为82.4%，其次为360搜索57.4%、搜狗搜索32.4%、必应搜索10.9%、中国搜索2.4%。从用户搜索引擎的首选率来看，PC端搜索用户集中度同样较高，百度搜索57.2%、360搜索28.1%、搜狗搜索5.0%、必应搜索0.7%、中国搜索0.1%、其他搜索8.9%。

---

① 中国互联网信息中心. 2014年中国网民搜索行为调查报告［EB/OL］.（2014 – 10 – 25）［2020 – 08 – 25］. http：// www. cnnic. net. cn/hlwfzyj/hlwxzbg/ssbg/201910/ t20141025 _ 70843. htm

在手机端搜索引擎用户中，百度搜索的渗透率 87.2%、搜狗搜索 46.5%、神马搜索 32%、360 搜索 23.7%、必应搜索 6.9%、中国搜索 3.0%、其他搜索 3.6%。其中，神马搜索依托自身的 UC 浏览器，在手机端的渗透率增至 32%。从手机端用户的搜索引擎首选率来看，手机端搜索用户的集中度高，排名前三的搜索引擎超过了 90%，分别为百度搜索 66.8%、搜狗搜索 13.9%、神马搜索 10.9%、360 搜索 3.2%、其他搜索 4.9%。

通过对搜索引擎用户的搜索行为统计可知，PC 端和手机端的搜索用户品牌渗透率略有差异，但百度一直处于搜索引擎品牌渗透率的首位。由此可见，我国网民主要使用的品牌搜索引擎为百度搜索、搜狗搜索、360 搜索、神马搜索等，可选择面广。

（5）搜索引擎广告认知与辨识。搜索广告是搜索引擎企业的核心收入来源，但植入广告太多可能会影响搜索引擎检索结果的准确性，降低搜索用户体验效果和信任程度。从调查数据显示可知，搜索广告在用户中有较为普遍的认知，94.1% 的搜索用户知道搜索结果中含有广告，5.9% 的搜索用户没有意识或不知道搜索结果包含广告。从搜索用户对搜索广告的辨识情况来看，88.3% 的用户可以使用搜索引擎对广告和自然搜索结果进行辨识，11.7% 的搜索用户不能辨识广告。

3.3　本章小结

本章主要从我国互联网市场发展、搜索引擎市场发展两个角度进行研究，书中大量数据源自中国互联网信息中心发布的近十年来的《中国网民搜索引擎使用情况报告》《中国互联网络发展状况统计报告》等系列报告。

近十年来，我国互联网资源总体变化趋势呈现出 IP 地址总体逐年增加、域名资源丰富且种类繁多、国际出口带宽数增幅明显；我国互联网资源应用变化总体呈现为网站数量庞大，增幅比例有所回落、网页资源逐年增加，增幅比例明显、移动互联网接入流量增幅迅猛；我国互联网网民规模、手机网民规模均逐年增长；搜索用户访问设备以手机为主，其次为台式电脑或笔记本电脑；搜索用户群体以中青年为主，呈现出年轻化趋势；搜索用户学历层次以中高学历为主、潜在学术搜索用户群体较大；搜索引擎在工作、学习、查找法律或医疗等专业内容场景下的使用率最高；搜索用户对搜索引擎提供的服务满意度较高；用户对搜索引擎提供的搜索结果信任度相对较低；品牌搜索引擎综合渗透率以百度搜索、搜狗搜索、360 搜索最高；PC 端和手机端搜索时，用户呈现出不同的搜索行为。

总之，本章从宏观层面了解到我国互联网市场、搜索引擎市场的发展现状，以及全面把握搜索用户的搜索行为及搜索引擎的使用现状，为本书开展后续研究提供了较好的思路。基于此，本书后续学术搜索引擎研究主要对以上搜索引擎品牌开发的学术搜索服务平台展开，通过调研、实验数据分析等方式，进一步研究我国学术搜索引擎用户体验的总体情况。

第4章 基于用户行为的学术搜索引擎用户体验基础

用户搜索行为反映用户的搜索需求，是学术搜索引擎存在的前提。学术搜索引擎的用户界面，涉及文献容量、检索功能、语法规则等都是实现学术搜索引擎用户体验的基础。用户学术搜索行为是研究学术搜索引擎的基础。因此，在研究学术搜索用户体验之前，需要了解用户的学术搜索行为，以便于开展更多的用户学术搜索行为研究，适时将用户学术搜索行为转化为学术搜索引擎用户体验评价指标。本章采用问卷调查方式分析用户搜索行为。

搜索引擎在网民因日常生活、学习需要而获取所需数字信息资源的活动中占据着主要作用。学术搜索引擎是互联网应用中面向学术信息的部分，在学术用户获取学术信息中占据着十分重要的地位。互联网上的免费学术搜索引擎，可以让用户免费利用的学术信息十分丰富。对于用户而言，学术搜索引擎可以帮助人们突破馆藏地域的限制，免费、快速获取学术资源；对于馆员而言，可以丰富科技查新、引文分析等信息服务检索工具的应用范畴。本章在概述学术搜索引擎有关观点的基础上，对我国学术搜索引擎用户行为展开全面调查，为基于用户行为的学术搜索引擎用户体验提供数据支持。

4.1　学术搜索引擎概述

4.1.1　学术搜索引擎定义

本书第 1 章在介绍用户体验、搜索引擎等术语界定时，已经对"学术搜索引擎"概念进行了简要介绍和分析。

对"学术搜索引擎"概念的理解，业内观点基本是以围绕其收录数字资源所属类别的"学术信息"而展开。蒋亚琳（2007）① 认为"学术搜索引擎是专门用于检索因特网上学术信息的专业搜索引擎"。苏建华（2015）② 提出"学术搜索引擎是专门搜索学术资源的工具"。刘敏（2018，2019）等③④对"学术搜索引擎"定义为"通过组织、管理和维护网络中的学术信息，学术搜索引擎为用户提供科学的检索入口，以快速获取学术信息"。通过国际联机检索 PQD（Proquest Dialog）可知，国外有关"学术搜索引擎"研究，较早的一篇是出自 2009 年 Moskovkin V M⑤ 撰写的 *The potential of using the Google Scholar search engine for estimating the publication activities of universities*，实则以 Google Scholar Search（谷歌学术搜索引擎）为例，结合 Web of Science 和 Google 学术搜索的引文分析功能，比较分析评估了 2007 年的大学出版活动。

因此，借用搜索引擎以及业内的主流概念及观点，本书对

---

① 蒋亚琳. 对三种学术搜索引擎的析评[J]. 情报探索,2007(01):48-50.

② 苏建华.图书馆选择资源发现系统的策略分析——以资源发现系统与学术搜索引擎的比较为视角[J].情报科学,2015,33(06):91-94+105.

③ 刘敏,许伍霞,曹小宇. 信息检索与利用[M]. 镇江:江苏大学出版社,2019:95.

④ 刘敏.基于用户体验的微软学术搜索和百度学术搜索对比研究[J].情报探索, 2018(07):55-63.

⑤ Moskovkin, V. M. The potential of using the Google Scholar search engine for estimating the publication activities of universities[J/OL]. Scientific and Technical Information Processing, 2009, 36(4):198-202. [2020-02-01]. https://link.springer.com/article/10.3103/S0147688209040029

"学术搜索引擎"概念的理解与总结如下：学术搜索引擎（Scholar Search Engine）是通过科学组织、规范管理、实时维护网络中的学术信息，为用户提供围绕学术类别的数字信息资源统一检索入口，并能实现快速获取学术信息的专用通道。

按照数字资源收录来源情况划分，学术搜索引擎主要有两类：一类是依托于数据库商本身的数字信息资源收录优势，构建的学术搜索平台，如 CNKI 学术、Web of Science、超星知识发现系统等，可以理解为数据库类学术搜索引擎；另一类是为进一步抢占搜索市场，帮助学术用户免费查找及获取互联网中的学术信息，搜索引擎从非学术型网站转向学术型网站并服务于普通大众而搭建的搜索平台，可以理解为非数据库类学术搜索引擎。它是搭建在互联网中各类免费学术资源基础上，实现了互联网与图书馆信息服务有机整合，如百度学术、360 学术、Microsoft Academic Serch、谷歌学术等。而收录专业数据库资源的学术搜索引擎（如 CNKI 学术、WOS 等）拥有智能、完善的搜索平台，相关研究也有陆续发表。基于此，本书将以综合型商业搜索引擎推出的学术搜索服务站点作为重点研究样本。需要注意的是，综合型商业搜索引擎的学术搜索站点又分为两类：一类是专门的搜索引擎站点推出的学术搜索引擎，如百度公司的"百度学术"、谷歌公司的"Google Scholar"；另一类是门户网站发展到一定程度后推出搜索引擎服务，再进一步推出学术搜索站点，如搜狗（搜狐公司旗下的子公司）公司的搜狗学术、360 公司的 360 学术、微软公司的必应学术搜索等。

基于以上按照学术搜索引擎收录信息源、数据整合情况，本书将学术搜索引擎分为两类：商业搜索引擎类学术搜索引擎、专业数据库类学术搜索引擎。本书所指的学术搜索引擎采纳了以上观点，并对前一种进行了全面研究。

4.1.2　学术搜索引擎的工作原理

同搜索引擎一样，一个完整的学术搜索引擎包括四个部分：搜索器、索引器、检索器、用户接口。不同之处在于：学术搜索引擎是围绕学术资源展开。

搜索器的作用是定期搜集互联网中的学术信息，将最新的学术信息资源以文档形式保存。

索引器则是对搜索器搜索到的学术信息进行分析处理，从中抽取出学术信息的关键信息，如标题、作者、摘要、出版物、收藏网站或数据库等，然后将其作为索引项保存在学术搜索引擎的后台。

检索器是根据学术用户的检索请求，从索引数据库中快速查找与提问相匹配的学术文档，并将符合要求的检索结果按照一定规律排序后反馈给学术用户。因此，检索器是实现学术用户对某种相关性的反馈机制。

用户接口是接受学术用户提交的查询请求，包括查询的内容及逻辑关系。学术搜索引擎根据学术用户输入的检索词、检索式等，通过用户接口的连接，实现在索引库中查找、寻找对应的网络地址。

4.1.3　我国学术搜索引擎的发展历史

（1）历史背景

在介绍学术搜索引擎的发展历史之前，需要对搜索引擎的历史作简单介绍。1994 年 7 月，Michael Mauldin 将 John Leavitt 的蜘蛛程序接入其索引程序中，创建了 Lycos，成为第一个现代意义的搜索引擎，最初只收藏了 5.4 万个网页。[①] 1996 年，Google（又名谷歌）创始人 Larry Page 和 Sergey Brin 在斯坦福大学研究项目中推出了 BackRub，1997 年改为 Google。之后，Google 发展成为世界第一的搜索引擎网站。

随着 Google 市场的不断发展和扩大，先后推出了面向不同用户群体的搜索服务，如 Google 学术搜索、Google 图书、Google 地球、Google 专利等网络应用。以 Google 学术搜索为例，2004 年 11 月，Google 第一次发布了 Google 学术搜索的试用版，即 Google

---

① 章玮.搜索引擎的发展历史及现状[J].中国科技博览，2010(26)：263.

Scholar。Goolge Scholar 为用户提供了检索学术文献的简单方法，它通过一个简单的入口，可以实现多种学科、不同来源学术文献的搜索，收录了来自学术出版商、专业学会、预印本系统、研究机构和其他学术组织的同行评审（Peer-Reviewed）论文、期刊论文、学位论文、文摘、预印本、科技报告、图书等多种类别学术文献检索。[①] 2006 年，Google Scholar 加入了中文学术信息，提供中文学术信息搜索。2010 年 3 月，随着 Google 宣布退出中国市场，与 Google 相关联的学术搜索、专利搜索、图书搜索等应用站点关闭后便不能再正常访问。

2020 年 3 月，我国搜索引擎用户规模达到 9.04 亿人，较 2018 年底增长了 7508 万，互联网普及率达到 64.5%，较 2018 年底提升 4.9% 百分点；而我国搜索引擎用户规模达到了 7.5 亿人，网民使用率达到 83%，仅次于即时通信的互联网应用，搜索引擎用户群体使用数逐年上涨。[②] 这说明，搜索引擎在网民中的应用范围十分广泛。数据显示，用户在工作、学习等场景下使用搜索引擎比例最高，达到了 76.5%，且中高学历是搜索引擎的主要用户群体。[③] 从 PC 互联网时代的电脑客户端，到移动互联网时代的手机客户端，中国搜索引擎市场的飞速发展，为用户查找网络信息带来了便利。当搜索引擎用户规模发展到一定阶段后，不同用户群体对搜索引擎拥有的搜索功能、搜索目的和要求不一样。学术用户更需要借助于搜索引擎了解和查找学术成果、学术动态、学术发展趋势等学术信息。在此大环境下，学术搜索引擎应运而生。

---

① 陈家翠，谷玉荣. Google 学术搜索检索性能的分析及评价[J]. 情报理论与实践，2007，030（005）:653 – 655.

② 中国互联网信息中心. 中国互联网络发展状况统计报告[EB/OL]. (2020 – 04 – 28)［2020 – 08 – 21］. http：// www. cnnic. net. cn/hlwfzyj/hlwxzbg/hlwtjbg/202004/t20200428_70974. htm

③ 中国互联网信息中心.2019 年中国网民搜索行为调查报告[EB/OL]. (2019 – 10 – 25)［2020 – 03 – 05］. http：// www. cnnic. net. cn/hlwfzyj/hlwxzbg/ssbg/201910/t20191025_70843. htm

当今，专业数据库提供学术搜索功能发展相对成熟，如中国的知网学术搜索（CNKI Scholar）、读秀搜索、超星知识发现等。专业数据库开发的学术搜索功能研究的学者较多且成果也多。随着中国学术搜索市场的进一步发展，为进一步抢占中国学术搜索用户市场，帮助研究者查找学术信息，部分国内综合型商业搜索引擎及门户网站也陆续将市场推向了学术搜索市场。目前，该类型学术搜索引擎有百度学术、360 学术、搜狗学术、Bing 学术、国搜学术五种，一跃成为中国学术搜索引擎市场上的重要成员。这也是本书所研究的学术搜索引擎的主要样本，探寻非专业数据库领域学术搜索引擎平台设计及未来优化路径。

（2）发展历程

我国面向学术搜索的综合型商业搜索引擎中的百度学术、搜狗学术、360 学术、Bing 学术、国搜学术，其产生和发展离不开搜索应用市场的相互竞争及搜索用户需求。

Bing 是微软公司于 2009 年推出的搜索平台，为中国用户提供网页、图片、视频、学术等全球信息搜索服务。其中，必应学术搜索访问网址为 https：∥cn. bing. com/academic/。[1] 百度学术于 2014 年 6 月上线，它是百度旗下的免费学术资源搜索平台，访问网址为 http：∥xueshu. baidu. com/。[2] 2014 年 3 月，中国搜索（简称"国搜"），面向用户推出搜索引擎服务，旗下的"国搜学术"访问网址为 http：∥scholar. chinaso. com/，为用户提供学术搜索服务。[3] 2014 年 8 月 16 日，北京奇虎 360 公司旗下的"360 学术"推出学术搜索服务，访问网址为 http：∥xueshu. so. com/。[4] 2017

---

[1] Bing. 微软学术［EB/OL］.［2020 – 03 – 04］. https：∥cn. bing. com/academic/

[2] 百度学术. 关于我们［EB/OL］.［2020 – 03 – 03］. http：∥xueshu. baidu. com/usercenter/show/baiducas？cmd = page

[3] 中国搜索. 公司简介［EB/OL］.［2020 – 03 – 04］. http：∥www. chinaso. com/home/intrduction. html

[4] 360 学术. 奇虎 360 旗下搜索服务［EB/OL］.［2020 – 03 – 03］. http：∥xueshu. so. com/s？q = + &b = 2020

年搜狗宣布与微软正式达成合作后,搜狗搜索对接微软必应全球搜索技术,推出了搜狗英文搜索、搜狗学术搜索两项服务,为搜索用户提供了全新的搜索体验服务。[①] 以上是我国综合型商业搜索引擎推出学术搜索功能的简单介绍,后续将进一步详细进行研究介绍。

以百度学术、360 学术、搜狗学术、必应学术、国搜学术等为代表的综合学术搜索引擎站点,是目前我国商业搜索引擎推出的学术搜索服务网站。对于学术搜索用户来说,他们的存在与发展,无疑是为学术资源的搜索提供了更多的选择和参考。但是,用户如何评价学术搜索引擎呢?本章后续部分将通过问卷调查方式,采用定性与定量相结合的方法,广泛调查用户学术搜索行为,为后续章节的研究提供样本的数据支撑。

4.2 学术用户搜索行为分析

学术用户搜索行为是用户在使用学术搜索引擎过程中体现出来的,也就是说,用户在学术信息查询时和学术搜索引擎之间有一个人机交互过程。

首先,学术用户需要有一个检索需求主题或查询目的。基于用户的具体查询主题或目的,搜索用户将综合已有的搜索经验和知识结构组建查询语句(数字、字母、字符及相互组配语句)。同时,将查询语句提交给学术搜索引擎系统。

然后,学术搜索引擎根据用户提交需查询的关键词,采用一定的算法、检索策略返回可能与相关检索结果匹配的文档列表。

接下来,学术用户根据对比返回检索结果文档的相关信息,如标题、摘要、关键词、URL、全文等,选择认为可能相关的、符合检索需求的检索结果文档。如果检索结果符合检索目的,学

① CNBETA. 搜狗与微软达成合作发布英文及学术搜索[EB/OL]. [2020-03-04]. http://cache. baiducontent. com/

术用户结束所需查询主题的搜索。反之，如果该结果不符合或不满足检索需求，学术用户可能会返回检索结果页面，继续查找其他可能相关的结果文档并点击查看；或者修改反映检索主题的关键词，进一步与学术搜索引擎系统实现交互，完成用户的搜索行为。

当学术用户通过上述操作后，对获取的结果文档满意度不高或认为无法找到相关结果文档时，用户会选择离开当前搜索主题，或者换一个学术搜索系统继续检索。图 4-1 展示了学术用户与学术搜索引擎系统之间的交互过程。

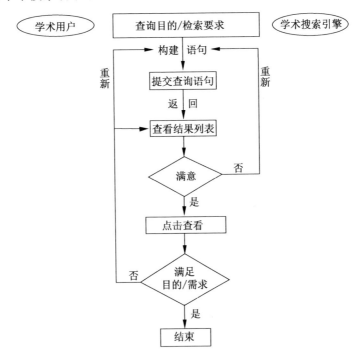

图 4-1　学术搜索引擎用户交互过程

4.3　学术搜索引擎用户行为的调查过程

4.3.1　调查目的

学术搜索引擎用户行为表现特征如何？学术搜索引擎用户学历层次、性别、年龄等用户属性情况如何？学术用户常用的商业学术搜索引擎有哪些？它们是否能够对学术搜索引擎有较好的使用？对检索结果是否满意？基于以上目的，笔者开展了关于学术搜索引擎用户使用情况调查，详见附录一。

4.3.2　样本来源

学术搜索引擎收录来源主要以学术信息为主，涉及期刊论文、学位论文、会议论文、专利、著作等。为广泛调查学术用户行为以及学术搜索引擎的使用现状，笔者通过网络问卷调查工具问卷星（访问网址 https：// www. wjx. cn/），面向在校本科生及研究生、教师、科研工作者、馆员等用户群体展开调查。问卷发放时间为 2020 年 1 月 1 日—2020 年 3 月 30 日，回收问卷 1015 份，无效问卷 113 份，实际获得问卷 902 份，问卷回收率为 88.9%。

4.3.3　问卷内容设置模块

基于用户学术搜索行为的问卷调查主要分为四个部分：第一部分为用户属性调查，包括性别、年龄、学历层次、专业或学术研究所属学科门类。第二部分为针对商业搜索引擎推出的学术搜索服务（如百度学术、搜狗学术等 5 款学术搜索引擎），进行用户使用行为的整体情况调查，包括是否使用过学术搜索引擎、使用频率、访问途径、应用场景、主要目的。移动互联网时代的到来，手机端各类垂直应用的分流影响，学术用户通过手机端、PC 端途径，访问学术搜索引擎平分秋色。基于此，第三部分为手机端、PC 端用户学术搜索引擎使用情况调查，包括手机端访问入口、首选访问入口、常用学术搜索引擎、首选学术搜索引擎、搜索方式。第四部分为基于用户体验的学术搜索引擎整体评价，采用量化打分的方式定量评价学术搜索引擎，包括用户在学术搜索引擎使用过程中的知识结构、功能感受、页面设计、学术资源、检索结果体验、整体评价。

4.4　学术搜索引擎用户行为的调查结果

4.4.1　学术搜索引擎用户属性

（1）性别结构

截至 2019 年 6 月，我国搜索引擎用户、整体网民的男女比例分别为 52.3∶47.7 和 52.4∶47.6①，二者性别比例基本保持一致（见表 4-1、图 4-2）。本问卷调查的学术搜索引擎用户男女比例为 46.09∶53.91，调查的样本中，女性比例略多于男性。

截至 2019 年 8 月，教育部发布的《各级各类学校女教师、女教职工数》② 显示：我国高等教育学校女专任教师占比 50.32%（841680 人）、成人高等学校女专任教师占比 56.39%（12353 人）、民办的其他高等教育机构女专任教师占比 52.16%（4750 人）。教育部发布的《各级各类学校女学生数》③ 显示：普通专科女学生数占学生总数的比重为 50.37%、普通本科女学生数占学生总数的比重为 53.99%、研究生女学生数占学生总数的比重为 49.64%（其中，女硕士占比 51.18%、女博士占比 40.37%）。由此可见，女性在高学历层次中占有重要的比例。而本次调查用户群体以在校大学生、研究生、科研人员、教师以及图书馆馆员为主。因此，在学术搜索引擎用户群体中，女性比例

---

① 中国互联网信息中心. 2019 年中国网民搜索行为调查报告［EB/OL］.（2019 - 10 - 25）［2020 - 03 - 04］. http：// www. cnnic. net. cn/hlwfzyj/hlwxzbg/ssbg/201910/t20191025_70843. htm

② 教育部. 各级各类学校女教师、女教职工数［EB/OL］.（2019 - 08 - 12）［2020 - 03 - 02］. http：// www. moe. gov. cn/s78/A03/moe_560/jytjsj_2018/qg/201908/t20190812_394229. html

③ 教育部. 各级各类学校女学生数［EB/OL］.（2019 - 08 - 12）［2020 - 03 - 03］. http：// www. moe. gov. cn/s78/A03/moe_560/jytjsj_2018/qg/201908/t20190812_394231. html

略微高于男性。由此可以推知，学术搜索用户男女比例与我国搜索引擎用户及整体网民的男女比例基本符合。

表 4-1　学术搜索用户、搜索用户以及整体网民性别比

类别	男/%	女/%
学术搜索引擎用户占比	46.09	53.91
搜索引擎用户占比	52.3	47.7
整体网民占比	52.4	47.6

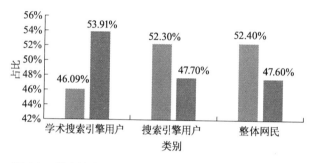

图 4-2　学术搜索用户、搜索用户以及整体网民性别对比

（2）年龄结构

调查显示，从学术搜索引擎用户群体的年龄所占比例看，19 岁及以下占比 1.74%、20～29 岁占比 39.57%、30～39 岁占比 31.30%、40～49 岁占比 18.26%、50～59 岁占比 6.52%、60 岁及以上占比 2.61%（见图 4-3）。从整体年龄段分布来看，学术搜索引擎的主要用户群体集中在中青年段，20～49 岁学术搜索用户在学术搜索引擎整体用户中的占比为 89.13%，占据了学术搜索引擎用户群体的绝大部分。深入剖析可知，此年龄段的学术搜索用户群体，专业学习、教学、科研等都处于黄金年龄段，也有较多的时间、精力从事科学研究。因此，该年龄结构比较接近学术搜索用户群体使用情况的真实年龄状况。

表4-2　年龄结构

搜索用户年龄结构	占比/%
19 岁及以下	1.74
20 ~ 29 岁	39.75
30 ~ 39 岁	31.3
40 ~ 49 岁	18.26
50 ~ 59 岁	6.52
60 岁以上	2.61

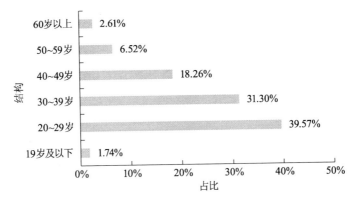

图4-3　学术搜索引擎用户年龄结构情况

（3）学历结构

调查显示，由学术搜索引擎用户群体的学历层次所占比例来看，博士研究生占比21.74%，硕士研究生占比49.13%，大学本科占比26.09%，大学专科占比2.17%，高中、中专、技校占比0.87%，暂未统计到初中、小学及以下学历层次的学术搜索用户群体（见图4-4、表4-3）。由此可知，高学历用户是学术搜索引擎的主要用户群体，而这一波用户群体使用学术搜索引擎是以从事学习、科研为主。

表4-3　学历结构

学历结构	占比/%
初中、小学及以下	0
高中、中专、技校	0. 87
大学专科	2. 17
大学本科	26.09
硕士研究生	49. 13
博士研究生	21. 74

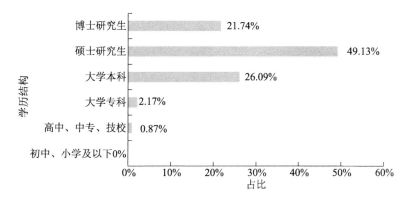

图4-4　学术搜索引擎用户的学历结构情况

（4）专业背景

为了解被调查者目前从事的专业工作或学术研究所属学科情况，专门设置了有关"专业背景"的调查，参考国家推荐标准《学科分类与代码》的五个学科门类分类情况①，调查了学术搜索用户的专业背景情况。调查显示，学术搜索用户目前从事的专业工作或学术研究所属学科门类中，自然科学类占比 8.7%、农

———————

① 国家标准化管理委员会. GB/T13745 – 2009 学科分类与代码［S/OL］. (2009 – 11 – 01)［2020 – 03 – 03 ］. http：// openstd. samr. gov. cn/bzgk/gb/newGbInfo？ hcno = 4C13F521FD6ECB6E5EC026FCD779986E

业科学类占比23.91%、医药科学类占比9.57%、工程与技术科
学类占比13.48%、人文与社会科学类占比44.35%（见表4-4、
图4-5）。学术搜索用户的学科背景涉及各专业学科。

表4-4　专业及学科背景

类别	占比/%
自然科学类	8.7
农业科学类	23.91
医药科学类	9.57
工程与技术科学类	13.48
人文与社会科学类	44.35

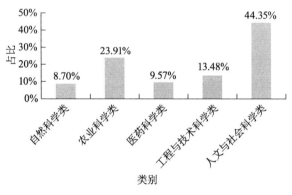

图4-5　学术用户的学科门类

综上所述，对学术搜索引擎用户属性的调查可知，女性比例
略高于男性，且以中青年年龄段、高学历层次为主。另外，学术
用户在各个专业学科中均有涉及。

4.4.2　学术搜索引擎用户的整体情况

学术搜索引擎用户使用整体情况调查，主要针对商业搜索引
擎推出的学术搜索服务，对于专业数据库推出的学术搜索服务功
能应用，暂不属于本次调研范畴，在调查问卷设计及发放中，在
"注意事项"中已明确说明。

（1）学术搜索引擎用户使用现状及频率

学术搜索引擎作为用户获取学术资源的主要入口，为用户获取学术信息、节省时间成本，提高了用户的科研、工作、学习效率。在已调查的用户群体中，92.52%用户使用过学术搜索引擎，7.48%用户暂未使用过学术搜索引擎，若用户未使用过学术搜索引擎，则问卷调查直接结束。这7.48%的问卷属于无效问卷的一部分。

调查显示，在使用过学术搜索引擎的用户群体中，基本每天使用的占比38.81%、较常使用的占比27.36%、使用一般的占比16.42%、偶尔使用的占比15.92%、仅使用过几次的占比1.49%（见表4-5、图4-6）。因此，学术搜索引擎用户使用频率整体较高，每天都使用和较常使用的用户群体共计达到了66.17%，超一半以上。

表 4-5　使用频率

频率	占比/%
基本每天使用	38.81
较常使用	27.36
使用一般般	16.42
偶尔使用	15.92
仅使用过几次	1.49

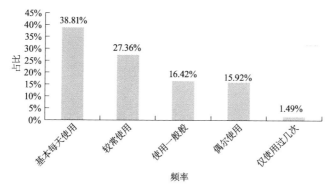

图 4-6　学术搜索引擎用户使用频率情况

（2）学术搜索引擎用户使用设备

CNNIC 发布的《2019 年搜索引擎中国网民搜索引擎使用情况研究报告》显示，手机成为用户使用搜索引擎的主要设备，用户比例达到 97.1%，通过台式电脑或笔记本电脑使用搜索引擎服务的比例为 65%。然而，学术搜索用户主要是基于学习、科研等需求目的，与搜索引擎用户需要获取娱乐、休闲等信息不同，笔记本电脑、台式电脑使用的学术搜索用户访问途径依然居高不下。

调查显示，访问学术搜索引擎的途径中，台式电脑的占比61.88%、笔记本电脑的占比 71.78%、手机的占比 53.96%、其他途径（如平板、iPad）占比 1.98%，部分学术用户通过多种途径访问（见表4-6、图4-7）。笔记本电脑具有文档易于保存、便于携带、适合办公、学习等特点，在学术搜索用户群体使用的比例最高，成为用户访问学术搜索引擎的主要设备，台式电脑次之，手机排第三。

表4-6　访问途径

访问途径	占比/%
笔记本电脑	71.78
台式电脑	61.88
手机	53.96
其他	1.98

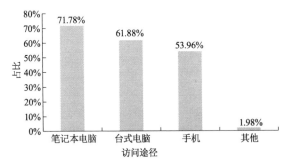

图4-7　用户访问学术搜索引擎的主要途径

（3）学术搜索引擎服务的使用场景

场景主要表示用户在什么时候或哪种情景下会使用学术搜索引擎。学术搜索引擎使用的主要场景涉及教学、科研、专业学习等，尤其包括了解学术刊物或文章的发表详情、被引情况及影响因子等。调查显示，在学术搜索用户的主要场景占比中，专业学习的占比 72.77%、科学研究的占比 62.87%、文章发表详情（包括年卷期、参考文献、全文等）获取的占比 50.05%、刊物及文章被引及影响因子的占比 47.52%、教学工作的占比 38.61%、其他（如了解学术动态、参考咨询等）的占比 5.94%（见表 4-7、图 4-8）。学术搜索引擎收录学术文献的发表详情、刊物影响力等学术资源的获取入口。因此，学术搜索引擎的服务场景基本围绕教学、科研及专业学习为主，另外还涉及刊物发表、引用等详细数据获取。

表 4-7　使用场景

使用场景	占比/%
专业学习	72.77
科学研究	62.87
文章发表详情	50.5
刊物及文章被引	47.52
教学工作	38.61
其他	5.94

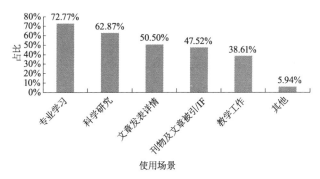

图 4-8　学术搜索引擎服务用户使用的主要场景

（4）使用学术搜索引擎的主要目的

为了解学术用户的使用目的，在调查使用场景的基础上，进一步调查用户使用学术搜索引擎的主要目的。调查显示，查找或阅读指定文献的占比 72.77%、查找或阅读特定主题内文献的占比 70.79%、了解专业术语及理论的占比 62.38%、寻求特定研究问题答案的占比 56.44%、掌握最新学术活动信息的占比 47.52%、其他（如撰写学位论文、期刊论文等）的占比 3.96%（见表 4-8、图 4-9）。因此，不论是何种情形下访问学术搜索引擎，用户的使用目的都离不开"学术"二字。

表 4-8　使用目的

使用目的	占比/%
查找/阅读指定文献	72.77
查找/阅读特定主题	70.79
了解专业术语/理论	62.38
寻求特定问题答案	56.44
掌握最新学术信息	47.52
其他	3.96

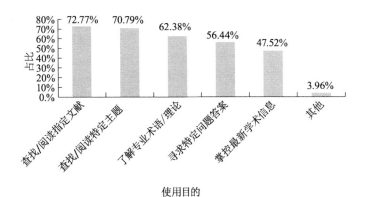

图 4-9　学术搜索引擎用户使用的主要目的

综上所述，学术搜索引擎用户的整体使用情况调查显示，用户使用学术搜索引擎的频率较高；通过笔记本、台式电脑及手机等途径访问；学术搜索应用主要场景为教学、科研及专业学习；使用的主要目的与"学术"密切相关。

4.4.3　学术搜索引擎用户手机端、PC 端使用情况

学术搜索引擎用户在使用手机端搜索和 PC 端搜索时，会呈现出不同的学术搜索行为。基于此，继续从 PC 端、手机端两个维度统计学术用户的搜索行为，了解学术搜索引擎的渗透率。

其中，渗透率是指用户通过何种方式访问学术搜索引擎。PC 端是指使用台式电脑、笔记本电脑等途径访问学术搜索引擎。手机端是指使用智能手机等访问学术搜索引擎。手机浏览器应用是指非手机厂商提供的第三方浏览器应用，如 QQ 浏览器、360 浏览器、UC 浏览器、百度浏览器等。手机自带浏览器应用是指手机厂商为手机用户已经安装的浏览器应用，如华为浏览器、小米浏览器等。搜索引擎类的手机应用程序，即搜索引擎自主开发的面向移动互联网络环境下智能手机使用的 App 应用程序，如手机百度 App、搜狗搜索 App 等。

（1）用户手机端学术搜索引擎使用情况

① 手机端学术搜索引擎入口

调查显示，在手机端学术搜索引擎的三类主要访问入口中，通过浏览器应用使用学术搜索引擎的用户比例最高，达到 70.3%；使用手机自带浏览器功能，登录学术搜索引擎网站的用户比例居第二，为 60.4%；使用搜索引擎类 App 手机应用的用户比例最低，但也达到了 45.54%。因此，各类手机端学术搜索引擎访问入口在用户中渗透率比例各不一样（见表 4-9、图 4-10）。

表4-9　访问入口

访问入口类别	占比/%
使用搜索引擎 App 应用	45. 54
手机自带浏览器	60. 4
浏览器应用	70. 3

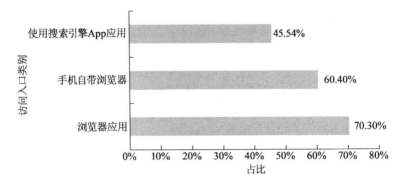

图4-10　手机端学术搜索引擎访问入口在用户中的渗透率

从各类手机端学术搜索引擎访问入口的用户首选率来看，三类入口的学术用户首选率存在一定的差异。数据显示，优先通过浏览器应用访问学术搜索引擎网站的用户占比 52.74%；优先通过手机自带浏览器登录学术搜索引擎网站的用户占比 28.26%；优先通过搜索引擎类 App 应用使用学术搜索服务的用户占比 18.41%（见表4-10、图4-11）。这表明，手机端用户选择使用学术搜索服务途径存在一定的选择偏好，目前暂未有开发学术搜索引擎类 App 的手机应用，超过一半的学术用户以打开浏览器应用访问学术搜索引擎的方式为主。

表 4-10　登录入口首选率

首选	占比/%
搜索引擎 App	18. 41
手机自带浏览器	28. 26
浏览器应用	52. 74

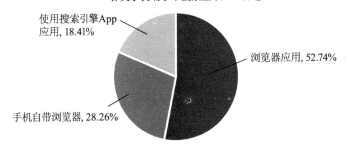

图 4-11　各类手机端学术搜索引擎访问入口的首选率

② 手机端学术搜索输入方式

文字输入依旧是当前学术用户使用学术搜索引擎的主要输入方式。随着以人工智能为代表的新技术、新方法的日渐成熟，图像、语音搜索也将在特定场景下得到广泛应用。调查显示，在使用学术搜索引擎时，用户通过直接输入文字的方式搜索学术信息的比例最高，达到 95. 54%；其次为使用搜索引擎自带的语音搜索功能搜索，为 4. 1%；使用图像及其他途径搜索的为 0. 36%，此处包括一部分学术用户通过搜索引擎 App 应用程序直接访问其学术搜索端口。可以预计，随着语音人工智能交互技术、智能硬件设备的不断发展，未来手机端使用语音方式搜索的使用率将有望持续提升。

③ 手机端学术搜索引擎品牌渗透率与首选率

调查显示，在手机端学术用户常用的学术搜索引擎中，百度学术搜索（http：//xueshu. baidu. com/）用户比例最高，达到 65. 19%；

搜狗学术搜索（https：//scholar. sogou. com/）排第二，为 32. 18%；360 学 术 （http：// xueshu. so. com/）为 25. 74%；必 应 学 术（http：//cn. bing. com/academic/）为 23. 27%；国 搜 学 术（http：//scholar. chinaso. com/）为 5. 45%；其他为 10%（见表 4-11、图 4-12）。综上数据分析可知，在手机学术搜索引擎用户中，百度学术搜索的渗透率最高，其次为搜狗搜索、360 搜索、必应搜索、国搜学术。因"中国搜索"品牌知名度较低，也使得旗下"国搜学术"渗透率远低于其他品牌学术搜索引擎，难以在移动学术搜索引擎市场与其他领先品牌竞争。

表 4-11　手机端渗透率

品牌	占比/%
百度学术	65. 19
搜狗学术	32. 18
360 学术	25. 74
必应学术	23. 27
国搜学术	5. 45
其他	10

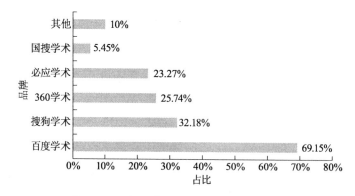

图 4-12　手机端学术搜索引擎各品牌渗透率

从学术用户首选率来看，手机端学术搜索用户的集中度较高，排名前三的学术搜索引擎占据了超过 80% 的学术用户首选率。调查显示，在手机端学术搜索引擎用户中，百度学术搜索的首选率为 69.15%，搜狗学术和 360 学术的首选率分别为 6.4% 和 5.47%，必应学术为 4.48%，国搜学术为 0.5%，其他品牌的学术用户首选率为 14%（见表 4-12、图 4-13）。

表 4-12　手机端首选率

品牌	占比/%
百度学术	69.15
搜狗学术	6.4
360 学术	5.47
必应学术	4.48
国搜学术	0.5
其他	14

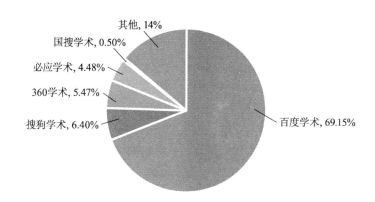

图 4-13　手机端各品牌学术搜索引擎用户首选率

（2）用户 PC 端学术搜索引擎使用情况

① PC 端学术搜索引擎入口

与手机端相比，学术用户在 PC 端使用学术搜索引擎访问入口较少，且两类访问入口的用户渗透率存在明显的差异性。调查显示，PC 端通过浏览器登录学术搜索引擎网站的用户比例最高，达到 90.1%；通过导航网站上的学术搜索引擎使用该服务的学术用户相对较少，为 39.6%；其他途径为 5.42%（见表 4-13、图 4-14）。由此可见，通过浏览器登录学术搜索网站依旧是 PC 端学术搜索用户的主要访问方式。

表 4-13　PC 端访问入口

PC 端访问	占比/%
浏览器登录	90.1
导航网站	39.6
其他	10

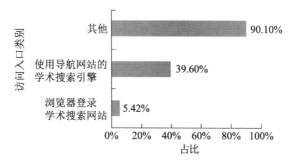

图 4-14　各类 PC 端学术搜索引擎在用户中的渗透率

与手机端不同的是，用户在 PC 端使用学术搜索引擎的首选方式存在较大差异。调查显示，76.73% 的用户会优先选择通过浏览器登录学术搜索引擎网站查找学术资源，而优先选择通过导航网站使用学术搜索引擎的用户占比 20.29%，其他方式作为首选的占比 2.48%（见图 4-15）。

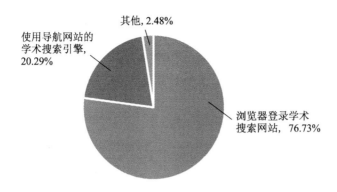

图4-15 各类PC端学术搜索引擎访问入口的首选率

② PC端学术搜索引擎品牌渗透率与首选率

商业搜索引擎推出的学术搜索引擎服务功能逐渐被广大学术用户所熟知，从学术搜索引擎使用情况来看，存在一定的差异性，知名度各有不同。调查显示，在PC端学术搜索引擎用户中，百度学术搜索的渗透率达到87.16%，与其手机端的品牌渗透率（69.15%）一样，均排第一；其次为搜狗学术搜索，渗透率为26.11%，较其手机端渗透率低6.07%个百分点，但依旧均排在第二；360学术排第三，渗透率为24.20%；必应学术搜索排第四，渗透率为10.20%。除此之外，国搜学术及其他学术搜索引擎在PC端的渗透率均未超过5%（见表4-14、图4-16）。由此可知，学术搜索引擎借助于自身搜索引擎的品牌优势，在PC端的渗透率也明显优于其他学术搜索引擎，如百度学术、搜狗学术等。综上，本身已经拥有了较好搜索引擎品牌优势的学术搜索引擎，渗透率都较高。

表4-14 PC端学术搜索品牌使用

品牌	占比/%
百度学术	80.17
搜狗学术	26.11

续表

品牌	占比/%
360 学术	24. 2
必应学术	10. 2
国搜学术	2. 46
其他	2. 17

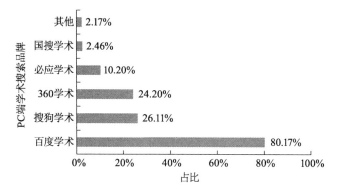

图 4-16 各类 PC 端学术搜索引擎各品牌渗透率

从学术用户首选率来看，PC 端学术搜索用户的集中度同样较高。排名前三的学术搜索引擎占据了超过 96% 的用户首选率。调查显示，在 PC 端学术搜索引擎用户中，百度学术的首选率为 59.01%，排第一；360 学术的首选率为 19.33%，排第二；搜狗学术搜索的首选率为 18.09%，排第三；其他的学术搜索首选率占比较小，国搜学术 1.26%、必应学术 0.5%（见图 4-17）。因此，国搜学术、Bing 学术的学术搜索品牌知名度、平台功能等都有待进一步提升。

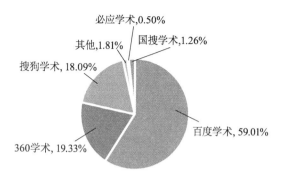

图 4-17　PC 端各品牌学术搜索引擎用户的首选率

4.4.4　学术搜索引擎用户行为整体分析

（1）学术搜索引擎用户体验过程中的知识结构感受

此部分调查学术搜索引擎用户的知识结构感受。设置选项内容主要为三部分，即用户熟悉检索任务相关学科领域知识、用户熟悉检索知识和技巧（如布尔逻辑、高级检索、检索界面设置等）、用户熟悉自己经常使用的学术搜索引擎。表 4-15 为各量化指标选项的百分比统计情况。

表 4-15　学术搜索引擎体验过程中的知识结构感受

内容＼指标	1 不熟悉	2 一般熟悉	3 熟悉	4 比较熟悉	5 非常熟悉	平均权值
熟悉检索任务学科领域知识	3.94%	22.17%	28.08%	32.02%	13.79%	3.3
熟悉检索知识和技巧	5.42%	31.03%	37.44%	16.75%	9.36%	2.94
熟悉使用的学术搜索引擎	2.96%	22.66%	34.98%	29.06%	10.34%	3.21
小计	4.11%	25.29%	33.5%	25.94%	11.17%	3.15

对调查结果分析可知，用户在学术搜索引擎使用过程中，"熟悉检索任务学科领域知识"的平均权值为 3.3（介于"熟悉"～"非常熟悉"），"熟悉检索知识和技巧"的平均权值为 2.94（介于"一般熟悉"～"熟悉"），"熟悉使用的学术搜索引擎"的平均权值为 3.21（介于"熟悉"～"非常熟悉"）。总的

来说，学术用户在学术搜索引擎体验过程中的知识感受平均权值为 3.15（介于"熟悉"～"非常熟悉"）。除对搜索引擎检索知识和技巧的权值稍低于平均水平外，学术用户熟悉学术搜索过程中的整体知识结构。

（2）学术搜索引擎使用体验中的功能感受

学术搜索引擎的功能设计是学术搜索引擎用户体验之视觉体验的直接反映。具体来说，包括搜索系统响应时间、检索结果排序、命中检索结果提示等，另外还涉及部分学术搜索的逻辑规则内容。对此部分的调查采取量化打分方式进行，采用打分制，从"1"～"5"计分（如 1 表示不快、2 表示一般快、3 表示快、4 表示很快、5 表示非常快；或 1 表示没有用、2 表示有点用、3 有用、4 表示很有用、5 表示非常有用，以此类推），即从低到高赋予分值评价。学术搜索用户对学术搜索引擎的功能感受评价调查见表 4-16。

表 4-16　学术搜索引擎使用体验中的功能感受

内容 \ 指标	1	2	3	4	5	平均权值
系统响应时间快	5.91%	20.69%	40.39%	26.11%	6.9%	3.07
提供多种检索方式很有用	5.42%	18.72%	44.33%	23.15%	8.37%	3.1
提供截词检索、推荐功能方便	6.4%	21.67%	40.39%	24.14%	7.39%	3.04
检索字段丰富（如标题、摘要等）	5.91%	23.15%	35.96%	25.62%	9.36%	3.09
检索结果分类功能满足需求	6.4%	24.14%	40.39%	23.15%	5.91%	2.98
个性化功能突出（如引用、下载等）	5.91%	24.63%	40.89%	23.15%	5.42%	2.98
检索结果排序很有帮助	5.91%	21.18%	39.9%	24.14%	8.87%	3.09
文献获取及定位功能很有帮助	6.4%	24.14%	37.93%	23.65%	7.88%	3.02
文献下载或全文访问友好	5.42%	24.63%	40.39%	23.15%	6.4%	3
小计	5.97%	22.55%	40.07%	24.03%	7.39%	3.04

调查显示，用户认为"系统响应时间快"的平均权值为 3.07（介于"快"～"很快"），"提供多种检索方式很有用"的平均权值为 3.1（介于"有用"～"很有用"），"提供的截词检索、推荐功能方便"的平均权值为 3.04（介于"方便"～"很方便"），"检索字段丰富（如标题、摘要等）"的平均权值为 3.09（介于"丰富"～"很丰富"），"检索结果分类功能满足需求"的平均权值为 2.98（介于"一般满足"～"满足"），"个性化功能突出"（如引用、下载等）的平均权值为 2.98（介于"一般突出"～"突出"），"检索结果排序很有帮助"的平均权值为 3.09（介于"一般有帮助"～"有帮助"），"文献获取及定位功能很有帮助"的平均权值为 3.02（介于"一般有帮助"～"有帮助"），"文献下载或全文访问友好"的平均权值为 3（"友好"）。

从以上统计分析可知，在用户对学术搜索引擎使用过程的功能评价中，除检索结果分类功能、个性化功能低于平均水平外，其余的功能总体高于平均水平。总而言之，学术搜索引擎整体功能评价的平均权值为 3.04，高于平均水平。

（3）用户学术搜索引擎使用体验对页面设计的评价

在学术用户使用体验过程中，对学术搜索引擎页面设计评价，是基于搜索引擎视觉体验角度展开的。此部分设置 7 个量化分值评价调查内容，包括页面设计色彩一致、页面色彩符合使用习惯、页面布局符合日常习惯、按钮/尺寸/颜色可以快速识别、按钮功能可以快速判断、文字展示清晰（如字体、间距、对比度）、导航设计合理。设计指标由"1"～"5"，"3"为平均值，"1""2"低于"3"平均水平，"4""5"高于"3"平均水平，见表 4-17。

表4-17 用户学术搜索引擎使用体验对页面设计的评价

内容 \ 指标	1	2	3	4	5	平均权值
页面设计色彩前后一致	3.94%	19.21%	43.35%	24.63%	8.87%	3.15
页面色彩符合使用习惯	3.94%	21.18%	40.89%	25.62%	8.37%	3.13
页面布局符合日常习惯	2.96%	21.67%	43.35%	23.15%	8.87%	3.13
快速识别按钮位置/尺寸/颜色	3.94%	20.2%	41.38%	25.12%	9.36%	3.16
按钮功能可以快速判断	3.45%	23.65%	38.92%	23.15%	10.8%	3.14
文字展示清晰（字体/间距）	3.94%	19.21%	40.39%	25.12%	11.3%	3.21
导航设计合理	3.45%	22.17%	42.36%	23.15%	8.87%	3.12
小计	3.66%	21.04%	41.52%	24.28%	9.5%	3.15

调查显示，用户认为学术搜索引擎"页面设计色彩前后一致"的平均权值为3.15，"页面色彩符合使用习惯"的平均权值为3.13，"页面布局符合日常习惯"的平均权值为3.13、"快速识别按钮位置/尺寸/颜色"平均权值为3.16，"按钮功能可以快速判断"的平均权值为3.14，"文字展示清晰（字体/间距）"的平均权值为3.12，"导航设计合理"的平均权值为3.15。综上，用户对学术搜索引擎页面设计总体评价的平均权值为3.15，略高于平均水平3。

（4）用户对学术搜索引擎提供的学术资源评价

学术搜索引擎收藏学术文献的种类、来源、容量等影响着用户对主题学术文献需求度。此部分调查可以从宏观层面了解用户对学术搜索引擎的学术资源评价情况。调查设计四个维度，包括检索学术资源十分丰富、检索文献来源可靠、检出文献与检索需求匹配度高、检出文献呈现方式符合阅读需求（如摘要、作者、年份、卷期、主页）。

调查显示，用户认为学术搜索引擎"检出的学术资源丰富"的平均权值为3.7，"检出文献来源可靠"的平均权值为3.69，"检出文献与检索需求匹配高"的平均权值为3.67，"检出文献符合阅读需求"的平均权值为 3.67（见表 4-18）。由此部分调查可知，用户对学术搜索引擎提供的学术资源评价总体的平均权值为 3.68，总体评价满意。

表 4-18　用户对学术搜索引擎的学术资源评价

内容 \ 指标	1	2	3	4	5	平均权值
检出学术资源丰富	5.42%	26.11%	40.39%	20.2%	7.88%	3.7
检出文献来源可靠	5.42%	27.09%	38.92%	21.18%	7.39%	3.69
检出文献与检索需求匹配高	6.4%	25.12%	46.8%	14.29%	7.39%	3.65
检出文献符合阅读需求	5.42%	27.09%	40.39%	18.23%	8.87%	3.67
小计	5.67%	26.35%	41.63%	18.47%	7.88%	3.68

（5）学术搜索引擎使用的用户体验

用户对于学术搜索引擎服务的使用体验较好。调查显示，在学术搜索引擎用户中，认为学术搜索引擎容易掌握的得分最高，达到 3.17；其次是帮助学术用户解决了检索任务，为 3.12；最后，认为学术搜索引擎功能完备为 3.03（见表 4-19）。总的说来，学术搜索引擎认为通过学术搜索引擎服务可以解决自己的检索任务、易于掌握、功能完备。

表 4-19　学术搜索引擎用户总体评价

内容 \ 指标	1	2	3	4	5	平均权值
解决了检索任务	3.94%	20.2%	42.86%	26.11%	6.9%	3.12
功能完备	4.43%	21.67%	46.31%	21.18%	6.4%	3.03
容易掌握	4.93%	20.2%	41.38%	20.2%	13.3%	3.17
小计	4.31%	21.18%	43.6%	22.91%	8%	3.09

学术用户对学术搜索引擎总体评价数据显示，与专业数据库相比，搜索用户对学术搜索引擎提供的所有服务（包括收藏信息量、检索界面、检索结果、逻辑语言等）总体满意度评价中，

47.78%为"满意"，40.39%为"一般满意"，5.91%为"不满意"，5.42%为"非常满意"，0.49%为"很不满意"。

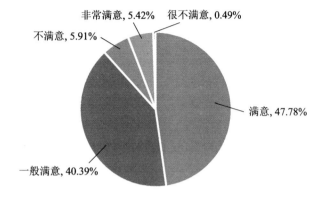

图4-18 学术搜索引擎用户体验总体评价

4.5 本章小结

综上所述，学术用户对商业搜索引擎或门户网站推出的学术搜索服务总体满意。学术搜索用户行为呈现高学历化、年轻化，PC端和手机端的品牌学术搜索引擎使用情况呈现一定的差异性。因为智能手机使用方便等特点，用户可以直接在手机上安装各类App应用程序。但从目前调查统计的学术搜索引擎来看，暂未有开发直接面向用户移动手机端的学术搜索引擎App。未来学术搜索引擎的开发应用有必要考虑手机端的多种应用特点，适时开发学术搜索引擎App应用程序。本章是从用户体验角度展开调研，分析用户的学术搜索行为，也为后续章节将从视觉体验、逻辑规则体验角度，构建学术搜索引擎设计指标体系等研究提供了相应的样本数据支撑。

第 5 章　基于用户体验的学术搜索引擎设计及优化路径

　　本章基于用户体验视角，从视觉设计体验、逻辑规则设计体验两个维度入手，评价学术搜索引擎的各项用户体验指标。其中，视觉体验设计是从资源内容、页面友好、个性服务三方面展开研究，具体涉及资源类型、文献来源、输入信息、检索历史等。逻辑规则设计体验从检索功能、结果展示两方面展开，具体涉及一般检索、布尔逻辑、字段限定、高级检索、链接详情、全文获取等。结合设计指标，从用户体验角度，指出未来学术搜索引擎设计及优化路径。

5.1　基于用户体验的学术搜索引擎设计思路

　　（1）学术搜索引擎设计指标

　　图书馆情报与文献学中的"用户体验"[1] 主要是指：用户在获取与利用信息产品或服务过程中建立起来的一种纯主观心理感受，强调在信息获取与利用过程中用户的所做、所感、所想，它是用户的本能、行为与心理的综合反映，是信息交互中用户内在状态、系统特征与特定情境相互作用的产物。基于此概念，笔者

---

[1]　全国科学技术名词审定委员会. 图书馆·情报与文献学名词［M］. 1 版. 北京：科学出版社, 2019.

从用户角度出发，认为学术搜索引擎用户体验涉及学术用户的视觉体验和逻辑体验，见图 5-1。视觉体验一般是指用户在使用学术搜索引擎过程中，能影响和引起用户搜索效果的各种视觉体验过程；逻辑规则体验主要是学术搜索引擎处理用户输入信息的语法处理规则。视觉体验与逻辑规则体验贯穿学术搜索用户体验的全过程。

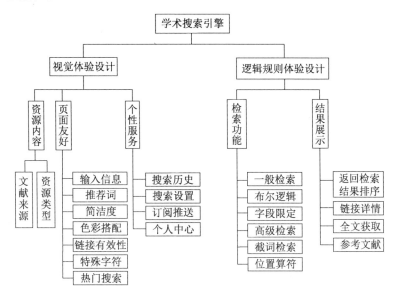

图 5-1　学术搜索引擎用户体验设计模型及指标

（2）学术搜索引擎用户体验转化模型

从转化效率来衡量用户行为时，可以从"知道"到形成"忠诚度"过程中的各个环节来实现。笔者借用"中国搜索引擎用户转化模型"①，构建了学术搜索引擎用户体验转化模型。学术搜索引擎的用户体验过程中，用户与学术搜索引擎的用户体验效果

---

①　中国互联网络信息中心.2013 年中国搜索引擎市场研究报告［EB/OL］.（2014 - 01 - 27）［2020 - 08 - 21］. http://www. cnnic. net. cn/hlwfzyj/hlwxzbg/ssbg/201401/ t20140127_45980. htm

好、人机交互程度高，有可能实现从"不知道"到"知道""试用""继续使用"甚至"忠诚"等过程的转化，见图5-2。

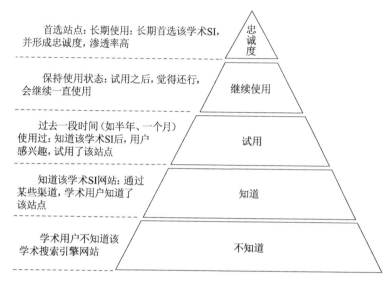

首选站点：长期使用：长期首选该学术SI，并形成忠诚度，渗透率高 —— 忠诚度

保持使用状态：试用之后，觉得还行，会继续一直使用 —— 继续使用

过去一段时间（如半年、一个月）使用过：知道该学术SI后，用户感兴趣，试用了该站点 —— 试用

知道该学术SI网站：通过某些渠道，学术用户知道了该站点 —— 知道

学术用户不知道该学术搜索引擎网站 —— 不知道

图5-2 学术搜索引擎用户体验转化模型

该模型中的四个转化阶段：

① 从"不知道"到"知道"。学术搜索引擎通过自身的搜索引擎品牌推广（如在搜索引擎网站首页将"学术"产品展示）、广告或其他方式，让学术用户知道该学术搜索引擎提供的产品或服务。

② 从"知道"到"试用"。学术用户知道该学术搜索引擎网站后，恰巧有学术搜索需求，或者有学术用户感兴趣的主题，同时试用渠道方便，此时学术用户会做一些学术搜索"试用"的服务。

③ 从"试用"到"继续使用"。学术用户试用学术搜索网站后，如果用户体验效果总体良好，同时继续有学术搜索需求，就会继续使用下去，但不一定会将该学术搜索网站作为搜索工具的首选。当然，也有可能用户体验效果不佳，那么该学术用户将停

留在该阶段或者退到"知道"阶段。

④ 从"继续使用"到形成"忠诚度"。学术用户用过一段时间后，体验效果总体良好，就有可能将该学术搜索引擎作为满足自己学术搜索需求的首选产品或服务。这时，该学术搜索引擎就迎来了忠诚用户。

5.2 视觉体验设计及优化

学术搜索引擎的视觉体验是学术搜索引擎与用户进行信息交换、检索交流的界面。学术搜索引擎返回给用户的学术信息通过用户视觉展现形式反馈给用户。学术用户视觉体验的高低，直接影响了用户对学术搜索引擎的印象。学术用户的视觉体验高，对学术搜索引擎的印象就好，也就越容易形成对学术搜索引擎的依赖度及忠诚度，反之则相反。由此可见，提升学术搜索引擎用户的视觉体验效果有着重要的实践意义和现实意义。提升学术搜索引擎的视觉体验，可以从资源内容、页面友好、个性化服务三方面设计，具体包括文献来源、资源类型、输入信息、推荐词、链接有效性、特型展示（特殊字体）、色彩搭配、搜索设置、个人中心、订阅搜索等。

5.2.1 资源内容

资源内容是从有用性角度出发，设计的学术搜索引擎是否收录了能满足学术用户需求的学术信息，即学术搜索引擎对收录学术信息内容及类型的真实准确报道。因此，收录文献来源、资源类型的多少，可以用于评价或反映学术搜索引擎收录资源的丰富程度，满足用户在视觉体验中对于"量""质"的需求，具体包括文献来源、资源类型两部分。

（1）文献来源

学术搜索引擎为用户提供便捷学术信息搜索服务时，在搜索界面、搜索结果等模块应设计"文献来源"区域的提示。这样才有利于学术用户把握选择学术搜索引擎是否收录符合所需文献主题的检索需求。

常见的学术文献来源主要涉及学术出版商、专业性社团或学会或协会、预印本、各个大学及学术组织经同行评审的学术文章、报告、摘要或技术性报告等。如收藏商业数据库的学术资源、各类出版社网站以及域名为".gov"（政府）、".edu"（高校或教育机构）、".org"（机构）等收藏地的学术资源。通过综合研究 5 款学术搜索引擎，发现目前学术搜索引擎"文献来源"的视觉呈现主要有两种：搜索主页和检索结果页面。

① 搜索主页显示

为了实现学术用户获得"先入为主"的视觉效果，体现学术搜索引擎拥有海量、权威、真实的文献获取来源，学术搜索引擎主页将其收录的文献来源直接显示在主页上。图 5-3 为百度学术搜索主页的"文献来源"视觉提示，用户点击"＋"图标，即可使用百度学术的"添加"功能实现获取学术搜索引擎"文献来源"地址的功能，见图 5-4。

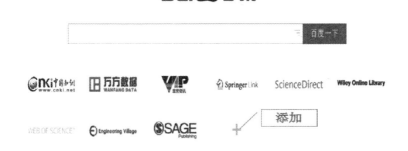

图 5-3　百度学术搜索主页显示

管理网站

知网 ×	万方 ×	维普 ×	Springer	SD Elsevier ×
Wiley ×	SCI ×	EI ×	SAGE Publish	

网站名称：请输入网站名称　　　网址：请输入网址　　　　　　　　　　添加

热门网站推荐(点击添加)

知网	万方	维普	Springer	Elsevier
Wiley	SCI	EI	SAGE Publish	CSSCI
IEEEXplore	ACM	NCBI	Taylor & Francis	Emerald
BioMed Central	SciELO	EBSCO	AMS	JSTOR
ASM	Nature	Science	DOAJ	OALib
掌桥科研				

图 5-4　百度学术学术文献来源站点

② 检索结果页面显示

通过学术搜索引擎检索结果页面显示的"文献来源"，一来可以确保学术用户检索文献的真实性；二来可以实现当学术搜索引擎无法让学术用户阅读原文或文摘详情时，通过链接文献来源地址的方式，获取命中文献的全文或其他详情。这种检索结果页面显示的视觉效果，有利于形成良好的视觉体验效果。

图 5-5　360 学术搜索结果页面的"文献来源"显示

通过调查学术搜索引擎主页及检索结果页面发现，搜索主页提供"文献来源"视觉体验的学术搜索引擎只有百度学术。根据现有"文献来源"提示存在的问题，提出如下优化设计方法。

a. 学术用户在访问学术搜索引擎主页时，提供"文献来源"提示，确保学术用户经常使用的专业数据库、开放存取网站等能够一目了然、迅速确认获取。

b. 提供"文献来源"站点的管理、增删、搜索、链接等功能，提高用户的视觉体验效果。主页"文献来源"提示可以在界面的右上角，以"文字"的方式提醒，也可以在检索框的正下方，以"文字＋图标"或"图标"或"文字"的方式提醒。

c. 学术用户在打开检索结果页面时，每条检索命中信息文后，提供"文献来源"提示，方便学术用户获取相应检索结果全文，提高用户的视觉效果满意度。这种设置必须是有效链接，避免用户在点击"文献来源"的链接地址操作时，页面显示无法打开，影响用户视觉体验效果。

（2）资源类型

学术文献的资源类型十分丰富，涉及期刊论文、学位论文、专利、标准、著作等，每种文献类型反映出的学术价值、出版周期、更新速度等都不尽相同。若想了解同行的评价指标及统一规范，标准是不二之选。专业期刊刊登具有学术价值的和研究意义的学术论文、研究报告及实验数据等，更新速度快，可以快速了解最新领域的研究动态，这也使得期刊论文具有较高的学术性、技术性，参考价值较高。学位论文是通过大量思维劳动、科学实验提出的学术性见解或结论，具有原创性和独创性。因此，每种资源类型都各具特点，但都属于学术文献。

学术搜索引擎对于"资源类型"提示的视觉体验设计不如专业数据库，对于资源类型归纳较为笼统或者根本不提供资源类型分类提示，容易造成学术用户对检索到的文献类别理解模糊，影响视觉体验效果。在用户视觉体验设计方面，调查到多款学术搜索引擎仅提供简单检索框，不提供资源类型限定。仅有百度学术提供"期刊""会议"两种资源类型提示，如图5-6所示。然而，实例测试显示，百度学术的检索结果还常常还伴有学位论文、著作等其他类型，这也就造成了百度学术界面选择"出版物"（即表示"资源类型"）限定不准确现象。

图5-6　百度学术资源类型限定界面

综上，在用户体验设计方面，"资源类型"可以从以下几个方面设计优化。

① 存在性优化，即文献资源类别设计应解决"从无到有"的问题。大多数学术搜索引擎未提供资源类型限定区域，针对此问题，在搜索所需数字信息资源类型时，应提供文献资源限定或文献资源类别提示，以增加学术搜索的视觉体验效果。结合各自学术搜索引擎收藏来源地址，实现学术资源分门别类的目的，以提高用户视觉体验效果。

② 完善性优化，即在已有文献资源类别提示的基础上，解决"从有到优"的问题。学术搜索引擎的文献资源类型不能笼统地以"出版物"形式归为"期刊""会议"两种，有必要显示学位论文、著作等其他类别。

③ 设计位置优化。首先，"资源类型"限定提示以出现在检索框附近为最佳位置，这样可以有效提高学术用户在输入检索词之前，对检索结果资源类型有一定的预期或根据符合检索主题所需类型进行检索。其次，在检索结果页面中，每条命中信息可以包含文献类型提示。最后，检索结果排序有必要设置提供文献类型限定区域。

5.2.2　界面友好

界面友好是学术搜索引擎直接以视觉形式呈现给用户搜索界面的实际效果。因此，界面友好度影响用户获取学术搜索引擎界面的相关信息，包括输入信息、推荐词、简洁度、色彩搭配、链接有效性、特殊字体、热门搜索等内容。

（1）输入信息

目前，搜索引擎手机端、PC 端信息输入方式主要有四种形式：文本输入、二维码扫描、图片输入以及语音输入。[①] 而在学术搜索引擎领域，用户输入信息可以通过文本输入、语音输入及图片输入三种方式实现。但通过调查手机端、PC 端的商业学术搜索引擎发现，目前用户的输入信息方式仅支持文本输入，没有提供其他的输入信息方式。

① 文本输入

目前，不论是在 PC 端还是手机端，文本输入仍然是学术搜索引擎的主流输入方式。它是使用当前使用设备安装输入法后，用户使用学术搜索引擎的文本检索框输入反映检索主题文本信息的关键词，学术搜索引擎为用户返回命中文本信息搜索结果的过程。

---

① 侯志晗. 基于用户体验的搜索引擎设计研究［D］. 北京邮电大学,2016:21.

目前，学术搜索引擎"文本输入"功能普遍存在影响视觉体验效果的主要因素表现在两方面：其一，缺少搜索引擎文本框"suggestion"（建议关键词智能提示）功能或功能尚不完善；其二，再次输入文本信息时，交互过程烦琐、耗时，即若当前学术搜索结果没有满足用户搜索需求、需要再次发起检索时，用户需要先删除当前输入的文本信息，然后重新输入新的关键词。

图5-7　文本输入范例

目前，针对学术搜索引擎文本输入存在的问题，提出完善的设计方法如下：

a. 基于大数据技术，开发和完善学术搜索引擎文本框的"suggestion"（即建议关键词智能提示）功能。即用户在学术搜索引擎检索界面输入文本或部分文本时，学术搜索引擎根据输入信息内容给出多个建议关键词提示列表，用户可以选择建议关键词点击，也可以使用已输入的文本信息作为关键词，实现学术搜索引擎为用户返回命中关键词检索信息的搜索结果（见图5-8）。

b. 学术用户再次输入检索词时，之前检索框输入的关键词自动删除，但文本框下方可以提供"检索历史"等功能，保留前一次文本输入信息及检索结果提示。

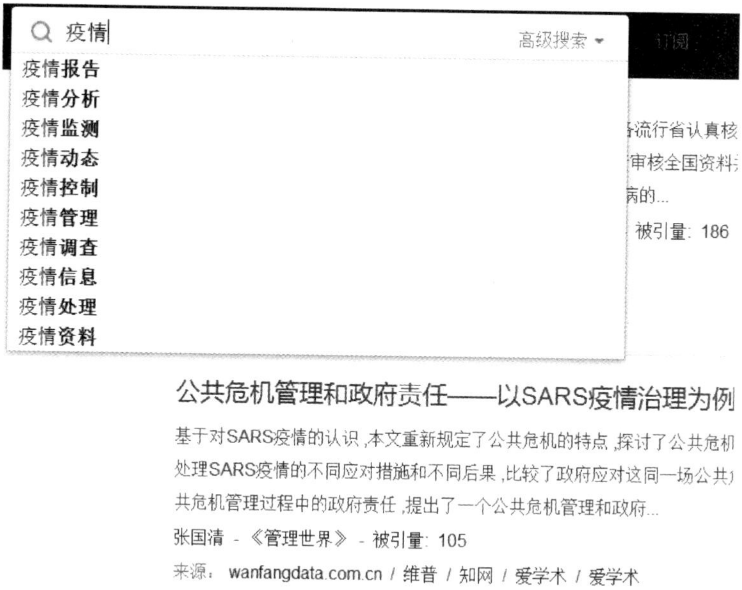
疫情
高级搜索
疫情报告
疫情分析
疫情监测
疫情动态
疫情控制
疫情管理
疫情调查
疫情信息
疫情处理
疫情资料
被引量: 186
公共危机管理和政府责任——以SARS疫情治理为例
基于对SARS疫情的认识，本文重新规定了公共危机的特点，探讨了公共危机
处理SARS疫情的不同应对措施和不同后果，比较了政府应对这同一场公共
共危机管理过程中的政府责任，提出了一个公共危机管理和政府...
张国清 - 《管理世界》 - 被引量: 105
来源: wanfangdata.com.cn / 维普 / 知网 / 爱学术 / 爱学术

图 5-8　学术搜索引擎“suggestion”功能提示

② 语音输入

随着人工智能技术、语音识别技术的深入发展，语音识别成为拉近用户与搜索引擎距离、实现沟通的理想方式。语音输入也在不同的搜索场合得到了广泛的应用。结合语音资源库特点，将语音识别前沿技术、搜索引擎技术融合，构建了综合语音搜索引擎，实现了文本输入的人工识别方式向“智能搜索”转变。①

语音输入是实现人机对话最重要的方式之一，也极大地提升了用户体验效果。目前，语音识别技术广泛应用在了手机端的各种 App 应用中。如搜索引擎、网络购物、实时聊天等，支持并提供语音输入，也有部分 PC 端搜索引擎支持语音输入，如搜狗搜索，但是语音输入尚未在学术搜索引擎中广泛使用。其主要原因

① 于利霞. 多功能综合语音搜索引擎的设计与实现[D]. 上海交通大学,2016

有：学术搜索引擎手机端 App 应用未被普及、语音识别技术在学术搜索领域尚未成熟、语音识别技术耗电量大且开发成本高收益小等。

语音搜索功能是提高学术用户检索效率较为有效的方式之一，更有利于提升学术用户体验的总体满意度。学术搜索引擎手机端完善和优化语音输入设计方法如下。

a. 开发学术搜索引擎手机端 App 应用程序，提供语音输入功能的使用。

b. "语音输入"功能的输入入口宜靠近学术搜索检索框或位于检索框内，如图 5-9 所示。

c. 学术用户点击"语音输入"功能按钮，学术搜索引擎立马进入语音状态接受用户的语音信息，并实现语音向文本的转化；用户语音说话结束，直接返回学术搜索结果。

d. 语音输入与文本输入在检索框只需简单地点击按键操作，即可实现实时切换。

e. 语音输入时，如遇到无法识别的语音，用户重新点击操作输入。

图 5-9　360 搜索 App 应用检索输入框界面

f. 语音输入识别功能支持语种应至少保证国际通用的官方语言。

g. 提供语音输入的"语音助手"功能,简单提示录入语音进行搜索,如"人机交互发展状况""动物克隆技术应用前景""城市规划"等。

h. 提供语音输入功能设置权限,如"开通""关闭""音量调节""麦克风授权"等功能,满足学术用户的语音输入设置需求。

以上语音输入的设计方法是以用户体验为中心,结合语音输入特点总结而来,且主要是针对手机端学术搜索引擎应用程序的开发设计。

③ 图像输入

图像(Picture)表示各种图形和影像的总称,用来为人们构建形象思维模式。[①] 大量的学术研究使用了图像对研究对象进行相似性、生动性及客观性描述或写真,以提高研究内容、研究样本的真实性和说服力。科研工作者在从事科研时,偏好使用大量的图像行文,作证学术研究过程、研究内容,提高了学术文献的主题表达效果。这些图像具有简洁、美观、易于理解的特点。因此,图像输入可以作为学术用户使用学术搜索引擎查询学术信息的方式之一。

图像输入主要应用于学术用户眼前实物、已有图片内容及待了解主题的图像文本,期望通过图像输入的方式查找所需内容的场景。图像输入的检索方法主要有基于文本的图像检索技术、基于内容的图像检索技术两种。[②]

使用图像输入需要满足学术用户的图像输入方式:存储设备中已经存在的学术图像;选择使用设备的拍摄功能获取学术图

---

① 百度百科. 图像[EB/OL]. [2020 – 03 – 13]. https://baike.baidu.com/item/图像/

② 刘敏,许伍霞,曹小宇. 信息检索与利用[M]. 镇江:江苏大学出版社,2019:67.

像。用以上任一种方式提交图片，学术搜索引擎将搜索结果反馈给用户。因此，图像输入应提供图片导入、类别及检索功能。

然而，学术搜索引擎图像输入方式存在较大缺点，如可应用场景有限、过度依赖图像识别技术、适用性较低。但是，图像输入可以作为学术搜索引擎信息输入方式的补充，从图像文本输入、图像内容两个角度优化学术搜索引擎的使用，提高用户体验效果。具体表现如下：

a. 支持图像文本输入。基本回避了图像的可视化元素分析，仅对学术图像的外在形态加以描述，如图像名称、作者、发布年代、压缩类型等。可以设置基于图像的关键词检索及浏览功能。

b. 支持图像内容输入。主要是围绕图像内容语义、颜色、布局及纹理等分析和检索。这种对图像识别技术要求较高，目前学术搜索引擎中应用领域较少，但是可以满足学术用户直接使用图像搜索的需求。

（2）推荐词

用户在使用学术搜索引擎时，在检索框中输入关键词，检索框的下方出现多条词框，这就是搜索引擎系统的推荐词。即上文提及在学术搜索引擎用户文本输入时，支持"suggestion"（建议关键词智能提示）功能。每条推荐词都至少包含用户输入的关键词部分。

学术搜索引擎的推荐词是基于大量的用户学术搜索数据以及当下学术搜索引擎收藏的学术数据，分析当前用户可能会对哪些关键词或信息感兴趣并及时推送。因此，学术搜索引擎的推荐词功能可以针对用户在一段时间内搜索的某些主题关键词，然后分析用户的搜索习惯。当用户在此输入时，触发当前输入与记忆关键词之间的相关性内容，自动推送下拉框词条。使用推荐词功能，用户输入较少的关键词，有可能快速找到所需的目标关键词，减少了用户文本信息输入的时间成本，提高检索效率。

从提升用户体验角度出发，学术搜索引擎为用户提供推荐词功能有利于用户找到目标关键词；学术搜索引擎为用户提供的推荐词越多、越详细，用户越容易找到所需目标关键词，提高用户体验越明显。通过调查发现，国内五款提供学术搜索功能的搜索引擎，除百度学术以外，均未提供推荐词功能（见图 5-10）。从用户体验角度，推荐词功能可以从以下几方面优化设计：

① 推荐词列表中（见图 5-10），用户输入的关键词"学术"与列表推荐词区分采取"字体加粗"方式加以辨识。在学术搜索中，可以基于以上方式，再配合字体颜色进行辨识，即用户输入关键词与列表推荐词字体明显区分。

② 推荐词列表中，应该包含用户输入关键词。

③ 推荐词后方留有较多空白之处，可以对该区域提示更多的下位词的二级推荐词，辅助用户学术搜索。

图 5-10　百度学术推荐词列表图

（3）简洁度

学术搜索引擎界面的简洁度可以影响用户的视觉效果。页面简洁度越高，越能俘获搜索用户的"心"，也越有利于用户准确把握搜索结果。因此，学术搜索引擎界面设置应遵循简洁明了原则，合理架构好访问主页、检索结果页面的各项内容设置，避免广告嵌入影响学术搜索引擎的视觉效果。

结合当前学术搜索引擎用户体验页面布局内容繁多，如百度学术主页不但有专业数据库、门户网站的链接，旗下还提供了"期刊频道""学者主页""单篇购买"等十余项内容的链接，页面布局略显复杂；搜狗学术主页除提供检索框外，还提供"academic rankings"（学术排名）、AI－10 Most Influential Scholars、Expert Bases 等内容列表，页面布局复杂。国搜学术搜索与360学术搜索相似，页面布局复杂。基于当前学术搜索引擎页面布局简洁度不佳的现状，可以从以下几方面优化设计：

① 避免学术搜索界面广告嵌入，维护学术研究的严谨性特点。不仅要避免广告嵌入在学术搜索引擎主页上，还要避免广告出现在学术搜索引擎返回检索结果的页面上。

② 学术搜索引擎主页提供快速检索，保持主页访问简洁明了效果。除提供快速检索框以外，尽量避免设置过多的内容在主页中。

③ 学术搜索引擎检索界面宜简洁大方，位于页面正中央，保证用户第一眼打开学术搜索引擎主页即可获得检索输入界面，减少视觉干扰因素。

图 5-11　百度学术与搜狗学术主页

（4）色彩搭配

学术搜索引擎主页及返回检索结果页面的各种字体、颜色等搭配理想，可以减少搜索用户在使用学术搜索引擎过程中的视觉疲劳，提高视觉体验效果。因此，学术搜索引擎色彩搭配需要尊重用户的阅读习惯、检索需求等。

当前，在学术搜索引擎的色彩搭配中，百度学术以白色底页显示，黑色字体的色彩搭配，页面色彩搭配较为朴素、合理；360 学术以蓝色底页显示，白色字体显示，并配以实时滚动学术关键词呈现（见图 5-12）。基于当前学术搜索引擎色彩搭配存在的问题，可以从以下几个方面优化：

① 学术搜索 Logo 位于检索框上方，实时动态变化。结合当前学术研究热点、科研贡献度较大的学者贡献情况、学术动态等，密切围绕学术搜索主题，学术搜索 Logo 实时变化。如在诺贝尔奖时期，将与"诺贝尔奖"有关的人物或文字或图像等定制为"百度学术"个性 Logo。

② 页面色彩搭配宜结合学术严谨性特点，避免夸张、花哨。

③ 学术搜索引擎主页及检索结果返回页面在字体、颜色、图像等搭配上应做到科学、合理。

图 5-12　360 学术主页色彩搭配

（5）链接有效性

链接有效性是指学术搜索引擎收录满足用户需求信息能否准确、真实和全面获得。具体来说，链接有效性包括主页访问打开速度、返回检索结果页面访问速度以及无死链现象。链接有效性可以保证用户在使用学术搜索引擎过程中，访问流畅，提高检索效率。

通过调查可知，学术搜索引擎在主页打开速度及返回检索结果页面均做到了快速访问，访问效果较为流畅。但是通过返回检索结果页面获取学术文献详情的来源地址时，常存在死链现象，即网页无法打开。基于此，学术搜索引擎应优化链接有效性，实时删除后访问无法打开或死链的来源地址，保证学术用户准确获取收录学术文献的网址。

（6）特殊字体

对符合搜索用户输入内容要求的关键词，学术搜索引擎返回检索结果页面用特殊字体提示。这种命中检索提示的特殊字体可以出现在标题、摘要、全文等位置，有利于学术搜索用户快速从视觉感知角度判断检索结果的准确率。学术搜索引擎对返回检索结果页面采用列表形式输出，对命中检索要求的结果，一般以红色字体提示输出，包括在标题、摘要等部分，其余字体以黑色为主。这种命中检索结果提示的特殊字体，提高了学术用户的视觉体验，有利于用户的整体体验效果提升。

（7）热门搜索

热门搜索的数据来源于学术用户，并展示给学术用户。热门搜索的原理是结合学术用户的搜索习惯，将来源于每个学术用户的搜索记录，经过敏感词过滤后生成热门搜索。

热门搜索可以帮助学术用户了解具体学术研究领域最新、最热门的搜索内容。不同的学术搜索引擎热门搜索生成方式各不一样，有的学术搜索引擎会根据用户群体的共同属性，将搜索次数最高的词语，列为热门搜索；有的按照学术用户所属地域，将该地区中搜索较多的词语作为热门搜索（见图5-13）。

视频　明医　英文　问问　学术　更多▾

Ⓢ搜狗学术　[　搜索框　]　搜狗搜索

🔥 data mining, machine learning, social network, deep learning, healthcare

图5-13　搜狗学术的热门搜索

同一学术搜索引擎，需要有不同的热门搜索内容。如何准确获取热门搜索呢？笔者认为可以从以下几方面进行优化，提高用户体验满意度。

① 热门搜索词位置以位于检索框下方为最佳，如图 5-13 所示。

② 热门搜索词语提示应与当前搜索入口相匹配。当用户没有任何操作，直接打开学术搜索引擎界面时，检索框下方的热门搜索词应为所有用户群体中，搜索最多、使用频率最高的词汇；当用户输入信息，实施检索后，返回检索结果页面的检索框下方，可以提供热门搜索词列于检索框下方，表达该关键词检索主题类别中，热门搜索频率最高的词汇供学术用户参考；或者也可以在优化检索功能的基础上，用户选择学科类别，然后再输入信息；结合学科类别，系统实时提供热门搜索词展示。

③ 热门搜索词应根据学术用户的搜索情况，实时更新，且内容不宜一直固定不变。

④ 热门搜索词在展示过程中，综合考虑页面布局时，还可以考虑展示位置、展示方式、展示个数等因素。

5.2.3　个性化服务

学术搜索引擎为用户提供的个性化服务可以满足搜索用户的独特需求。专业化、个性化服务可以从视觉层面吸引用户接受学术搜索引擎，进而信任、依赖学术搜索引擎。学术搜索引擎的个性化服务主要包括搜索历史、搜索设置、热门搜索、个人中心。

（1）搜索历史

搜索历史是学术用户使用学术搜索引擎的历史搜索记录，帮助用户记录搜索过的关键词，避免重复输入历史关键词。同时，还可以实现点击搜索历史记录即可直接检索，无须再次输入，提高检索效率。

当学术用户检索某个主题信息时，有可能多次输入不同的关键词，反复输入以及实施多次检索操作并多次比较检索结果，以确认找到符合用户自身主题需求的关键词及搜索结果。因此，搜索历史功能可以帮助学术用户在切换获取搜索关键词结果时，无须重新输入、降低用户输入时间成本，从而提高学术搜索引擎的用户体验效果。

搜索历史应为学术用户实际搜索的关键词，即用户向学术搜索引擎发起了关键词搜索，学术搜索引擎同时为用户返回了搜索结果。用户对比历次的学术搜索结果历史列表，选择更符合自己需求的关键词再次搜索（见图5-14）。

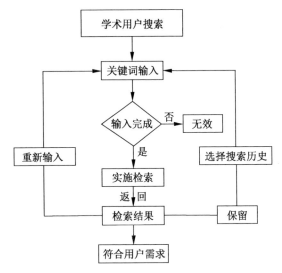

图 5-14　学术搜索用户的搜索历史过程

调查显示，相比各自的品牌搜索引擎，旗下的品牌学术搜索引擎均不提供搜索历史功能。因此，在推广搜索历史功能，提高用户视觉体验基础上，对于搜索历史功能可以从以下几方面优化：

①提供搜索历史的清除功能。在搜索历史列表中，对于相关度不大或用户满意度不高的检索历史，提供清除功能，降低用户因为"搜索历史"列表内容过多产生的视觉疲劳。

②支持搜索历史的排序功能。可以从搜索时间和用户自定义两个维度进行标识，如越靠近检索框的词语，搜索时间距离当前

时间越近；也可以用户自定义方式对搜索历史越符合主题需求的越靠前方式进行排序。

（2）搜索设置

搜索设置可以体现学术搜索引擎的个性化服务。学术用户通过"搜索设置"功能，可以实现限定搜索结果页面显示条数、限定检索指令语言、限定检索结果返回页面语言、检索结果自动保存、限定参考文献链接格式等设置。

目前，仅百度学术"搜索设置"功能提供检索框提示、搜索语言范围限制、检索结果条数、输入法、搜索历史记录的设置以及默认设置选项。必应学术提供语言、国家或地区等搜索设置，设置功能比较简单。基于此，学术搜索引擎的搜索设置功能有待进一步优化，提供的限定内容可以结合自身学术搜索引擎检索功能、检索特点、收藏资源等进行优化，为用户提供开放、共享、专业的搜索设置功能。这样可以在学术搜索过程中，以用户为中心，提升学术用户的个性化检索需求，提高用户体验效果。

（3）订阅推送

订阅推送是一种用来链接站点与站点之间内容共享的简易方式，属于信息聚合技术的应用，类似于 RSS 阅读器。学术用户可以通过"订阅推送"功能，订阅感兴趣和关注的研究主题、作者、出版物、刊物类别等，学术搜索引擎系统将最新获取到的学术信息自动推送给用户。因此，订阅推送基本属于面向未来数据的、依据用户喜好的一种个性化服务。在科学研究实践的学术信息获取中，订阅推送可以将最新学术信息推送给用户，提升学术用户的视觉体验效果。

调查显示，仅百度学术的订阅推送功能嵌入在个人账号管理中，即学术用户注册拥有百度学术的个人 ID，打开个人账号以后，可以通过输入关键词、选择收录数据库（北大核心、SCI 索引等）、邮箱等（见图 5-15）。设置订阅操作后，百度学术搜索引擎会实时推送关注的最新学术信息给用户邮箱及百度学术的个人中心账户。

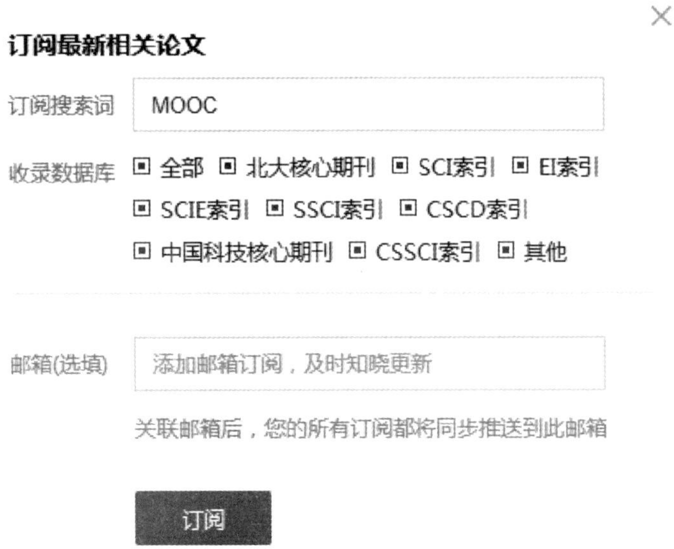

订阅最新相关论文

订阅搜索词　MOOC

收录数据库　☑ 全部 ☑ 北大核心期刊 ☑ SCI索引 ☑ EI索引
　　　　　　☑ SCIE索引 ☑ SSCI索引 ☑ CSCD索引
　　　　　　☑ 中国科技核心期刊 ☑ CSSCI索引 ☑ 其他

邮箱(选填)　　添加邮箱订阅，及时知晓更新

关联邮箱后，您的所有订阅都将同步推送到此邮箱

订阅

图5-15　百度学术订阅推送界面

结合现有订阅推送的现状，可以从以下几个方面进行优化：

① 在订阅推送的功能中，宜增加关于"学科""时间""语种"等选项设置。

② 学术搜索引擎收录的不只是论文，对于其他类别文献，如报告、专利、标准等学术数据，也可以实现对学术文献类型的订阅限定。

③ 订阅功能应设置在"个人中心"比较明显的位置，以便用户及时了解，增加用户体验的满意度。

（4）个人中心

个人中心，也称为"我的学术""我的主页""我的图书馆"，它可以理解为学术搜索引擎为用户创建的一个"虚拟学术空间"。个人中心一般要求学术用户通过邮箱、QQ号码、微信、电话或微博等途径，实名注册一个学术搜索引擎登录账号，用以管理个人的学术中心。它相当于将学术搜索引擎平台中的所有功能整合到个人学术空间中，包括前文提及的学术搜索、订阅推送、搜索设置、搜索记录、个人学术文献题录管理等。

百度学术的个人中心称为"我的学术",其主要内容包括"我的收藏""我的订阅"等功能,用以面向历史数据和未来数据。其中,"我的收藏"类似于文献管理软件,用以管理过去的历史数据,学术用户可以在个人账号中,分类管理各类为主题、各类学科、作者等收藏的文献。"我的订阅"类似于 RSS 阅读器,是面向未来数据的推送及管理。百度"我的学术"还提供文献论文查重、文献互助、开题分析等功能和服务。学术搜索引擎中的搜狗学术、国搜学术、360 学术均不提供"个人中心"功能,这一定程度上降低了学术搜索引擎的用户体验度。基于此,可以考虑从以下两个方面优化学术搜索引擎个人中心功能:

① 提供个人中心的可视化服务。在个人中心中,对于个人收藏的文献、主题、学者等,可以提供可视化服务,提高用户对已收藏内容的可视化图谱。

② 个人中心结合本身学术搜索引擎特点,整合学术搜索引擎界面的相关功能,注重知识的开放、共享。

5.3　逻辑规则体验设计及优化

逻辑规则是学术搜索引擎内部处理学术用户搜索需求的逻辑运算法则,通常以数据、字符及公式的形式表现出来。逻辑规则是联系学术搜索引擎检索器、索引器以及用户之间的纽带。学术用户可以通过学术搜索引擎的用户界面了解、感知其内部系统的逻辑规则。因此,逻辑规则是学术搜索引擎运行及工作的方法,指导学术搜索引擎如何为用户提供学术服务,提升用户体验。

如何进行逻辑规则体验设计,需先了解学术搜索引擎的搜索服务逻辑(见图 5-16)。关于逻辑规则体验设计,将从检索功能、结果展示两个方面进行分析、阐述。

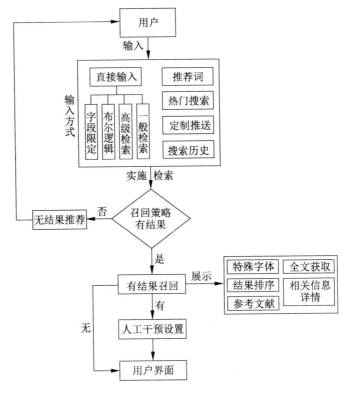

图 5-16　学术搜索引擎搜索服务逻辑图

5.3.1　检索功能

完善的检索功能是用户访问学术搜索引擎便能够快速获取所需信息的先决条件，有利于实现快速、便捷、准确获得符合检索需求文献的目的。检索功能主要包括一般检索、高级检索、布尔逻辑检索、短语限定、字段限定等内容。

（1）一般检索

一般检索，也称为快速检索，只提供一个检索输入框，支持关键词检索，即输入关键词便能实现所需。一般检索比较适合确定性内容的检索，如用户已知论文标题、作者、刊物名称等，在检索框中直接输入相应内容即可实现检索获取学术文献。一般检索，基本在所有的学术搜索引擎中均有应用，是必备的检索功能之一。

学术搜索引擎的一般检索大同小异，基本仅提供一个检索框，用户输入相应信息内容，实现搜索服务。在学术搜索引擎中，选择一般检索功能输入信息方式时，可以实现多种方式之间协同工作，多种输入方式优先级尊重一定的逻辑规则。一般检索的搜索逻辑，如图 5-17 所示。

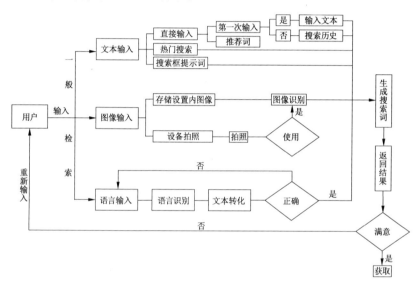

图 5-17　一般检索的搜索逻辑

结合上文关于视觉体验设计的要求，优化学术搜索引擎的一般检索功能可以从以下几方面展开：

① 一般检索提供多种输入方式，各输入方式之间彼此独立，用户可以根据检索习惯、检索需求等实际情况自行选择。学术搜索引擎中的文本输入、语音输入、图片输入方式各自独立。当学术用户选择其中一种输入方式时，其他输入方式自动转变为失效状态，并且自行隐藏其他两种方式输入入口，避免学术用户输入信息时造成混淆。

② 学术用户采用一般检索功能，选择文本输入时，可以同时结合搜索历史、热门搜索、推荐词等多种方式提高文本检索输入效率。

③ 学术用户采用一般检索功能，选择语音输入时，学术搜索引擎识别用户输入语音并识别内容，实时转化为文本形式展示给用户，用户确定正确的关键词后作为目标信息实施检索；如不正确，用户需重新输入语音。

④ 学术用户采取一般检索功能，选择图像输入时，学术搜索引擎支持设备拍照功能、设备内存图片检索，上传图片数据后，学术搜索引擎系统进行图像识别后生成检索结果；同时，也支持涉及图片的文本信息，如尺寸、大小、纹理及内容的输入检索。

（2）布尔逻辑检索

学术搜索引擎的布尔逻辑检索，是利用布尔逻辑运算符的逻辑规则对检索词进行逻辑匹配，构成检索式，然后由学术搜索引擎系统对相应逻辑进行运算，找出符合逻辑规则条件信息的方法。布尔逻辑检索可以用以表达两个概念或多个概念之间的逻辑关系，属于搜索引擎检索系统中常用的检索技术。因此，学术搜索引擎提供布尔逻辑检索功能，可以提高学术搜索引擎的查准率，提升用户体验的满意度。

布尔逻辑检索主要有布尔逻辑与、逻辑或、逻辑非、逻辑异或四种逻辑关系，常用的逻辑关系为前三种。布尔逻辑与表示检索结果包含两种或两种以上概念；逻辑或表示包含检索信息项的任意者或全部；逻辑非为排除特定内容以外的其他部分。学术搜索引擎一般提供多种逻辑运算符号，以支持布尔逻辑检索功能的应用。如百度学术搜索引擎，选择一般检索功能时，逻辑与用空格表示，在检索框中输入"图书馆 大学"，检索结果同时包括"图书馆"和"大学"的学术文献；逻辑或采用括号"（ ）"表示，在检索框中输入"病毒（免疫）"，检索结果包括"病毒"或"免疫"或"病毒"和"免疫"主题的学术文献；逻辑非采用"－"表示，在检索框中输入"病毒－猪"，检索结果为排除

"猪"主题以外的所有的与"病毒"有关的学术文献。布尔逻辑检索功能除在一般检索框中，采取直接输入的方式呈现外，还经常用在了高级检索功能中。布尔逻辑检索功能的应用需要用户具备一定的检索基础知识以及熟悉学术搜索引擎的逻辑规则，才能更好地使用这种功能，提高检索效率。

（3）字段限定

在计算机系统中，字段属于信息表达的最基本、最小存储单元，可以用字母、数字来表达。同一词语出现在不同的字段中，可以表示检索主题的不同含义。字段揭示符是在学术搜索引擎中检索的内容限定在具体字段中检索的符号。

字段限定可以在一般检索框中设置，也可以在文后提到的高级检索框中设置，帮助用户实现精确检索，提高检索的查准率，提升用户体验满意度。在学术搜索引擎中，表示字段限定的有标题、全文、摘要、作者、出版物、发表时间、语种等。如在百度学术的高级检索功能中，运用了字段限定检索功能（见图 5-18），文后（画图表框）提供作者字段、出版物字段、发表时间字段、语种字段限定。用户可以在"作者"字段对应的输入框中输入作者名，在"出版物"字段对应的输入框中输入刊物名称，提高用户的检索精准度。有关字段限定检索的优化可以在以下几个方面进行：

① 丰富字段限定的使用。商业搜索引擎推广的学术搜索引擎与专业数据库开发的学术搜索引擎的最大不同之处在于检索功能不同。前者的检索功能不如后者完善，在字段限定方面也如此。因此，标题、关键词、作者、摘要、单位、全文、出版物等反映文献著录信息特征的都可以作为限定字段。

② 学术搜索引擎的一般检索功能界面，增加字段限定检索的应用。

（4）高级检索

高级检索是相对于一般检索功能而言的。与一般检索功能仅提供一个检索框不同，高级检索提供多个检索框。将布尔逻辑检索规则、字段限定、更新时间、关键词检索等内容统一整合在同一检索界面，实现对检索内容的精准限定，提高搜索结果的准确性（见图5-18）。

图5-18 百度学术高级检索界面

除已经调查到的百度学术搜索以外，高级检索功能的逻辑规则应用在商业搜索引擎开发的学术搜索服务中较为少见。学术搜索引擎的逻辑规则设计优化，高级检索功能必不可少，它是整合学术搜索引擎所有搜索逻辑规则最理想的方式。

（5）截词检索

截词检索①一般是利用检索词的词干或者词的一部分实施检索的功能。在西文数据库和外文搜索引擎中，截词检索是常见的检索功能之一。截词检索较多用于西文语句中用以表达词汇的时态、语态、单复数、词根等。在检索时，将检索标识部分保留，将检索变化之处用截词符号替代。这种检索有利于简化检索步骤、扩大检索范围、提高检索查全率。

---

① 刘敏,许伍霞,曹小宇.信息检索与利用[M].镇江:江苏大学出版社,2019:66.

调查显示，国内主流的品牌学术搜索引擎均不支持截词检索功能的应用。基于此，笔者认为为解决数字、特殊字符（如化学式、分子式、特定专业术语）等的使用，学术搜索引擎逻辑规则设计及优化时，需要引入"截词算符"功能，以保证检索结果的更加准确与合理。

（6）位置算符

位置算符又名全文检索，常用于西文检索中。位置算符检索通过位置运算符来规定和限制检索词之间的相对关系，即两两检索词间的位置临近关系，表达两个概念的实际物理位置关系。

调查显示，国内主流的品牌学术搜索引擎均不支持位置算符检索功能的应用。笔者认为，为解决短语、英文专业术语、词语先后位置关系等，学术搜索引擎逻辑规则设计及优化时，有必要引入"位置算符"功能，以确保检索结果的查准率。

5.3.2　结果展示

用户通过学术搜索引擎获得返回检索结果页面的学术信息。这个检索结果的页面学术信息是否合理、智能？能否有效获取最符合要求的学术信息？这有待于从用户体验角度出发，搭建设计智能的检索结果页面、尊重用户的阅读行为。对检索结果页面显示的设计，主要从结果排序、参考文献、全文等阐述。

（1）返回检索结果排序

学术搜索引擎检索结果的排序决定用户看到检索结果的先后顺序。以用户为中心的学术搜索引擎检索结果的设计，应考虑用户最需要的学术信息排在搜索结果的最前列，以便用户无须花费多余时间，在搜索结果出现的最前列即可获取所需信息。通过获取返回检索结果页面的内容和呈现方式，可以帮助用户精准获取所需学术文献的类别，包括时间、相关度、被引频次等方式。学术搜索引擎提供针对返回检索结果的不同类别限定（如时间、相关度、被引频项等）的重新排序，可以帮助学术用户获取所要的重新排序后的检索结果。

必应学术搜索引擎检索结果排序支持按相关性、时间正序、时间倒序、引用数进行排序；搜狗学术搜索引擎检索结果支持按时间、作者、机构、领域、期刊、会议等类别排序；360学术搜索引擎检索结果支持按发表时间、自定义、相关性、引证文献排序；百度学术搜索引擎检索结果支持按时间、相关度和被引量排序。国搜学术暂不支持检索结果的排序。从现有学术搜索引擎返回检索结果排序的维度来看，基本都是围绕"相关性""被引频次""发表时间"分别排序，以满足用户不同的需求。在学术搜索引擎检索结果排序优化上，国搜学术的检索结果页面有待进一步优化。

（2）命中文献题录信息及链接获取详情

用户通过学术搜索引擎获取到返回检索结果页面提示信息中，对于命中学术文献提示的题录信息主要包括标题、年份、摘要、作者、被引频次、搜索全网、出版物、全文等。同时，提示的题录信息提供相应的链接获取详情服务。命中信息题录信息及链接获取详情，是最终保证学术用户对文献的获取，提高用户体验的满意度。

百度学术搜索引擎返回检索结果页面的命中文献题录信息包括标题、摘要、作者、出版物、被引频次、发表年份、收录来源、收藏、引用、批量引用、免费下载等题录信息，并提供相应链接。对于命中学术文献的获取来源中，包括提供全部来源（即收录该文献的数据库、机构网站等）、免费全文、求助全文的三种方式。360学术搜索引擎返回检索结果页面的命中文献题录信息包括标题、作者、年份、摘要、引用文献、相关文章、搜索全网、更多版本，并提供相应题录信息链接。搜狗学术搜索引擎返回检索结果页面的命中文献题录信息包括标题、作者、年份、被引频次、摘要、学科类别等，并提供相应题录信息链接。必应学术搜索引擎返回检索结果页面的命中文献题录信息包括标题、来源网址及摘要，并提供链接。国搜学术搜索引擎返回检索结果页面的命中题录信息包括标题和摘要，并提供相应题录信息链接。

综上，对命中文献题录信息及链接详情显示内容，各学术搜索引擎存在较大差异。从优化检索结果的逻辑规则设计上看，学术搜索引擎的命中文献题录信息必须保证反映学术文献出版发行的版权信息，以保证用户能够准确获取所需学术文献详情，包括作者、出版物、年份、标题、摘要、收藏地址等，以及反映学术文献影响力的被引频次。

（3）全文获取

商业搜索引擎推出的学术搜索服务，更多的是以检索服务方式指示学术文献出处。因收藏文献的来源地址有一大部分属于权限受限的有偿数据库。这使得很多这类的搜索服务不能提供学术文献的全文获取。因此，关于检索结果页面全文获取的逻辑规则，可以遵循以下几个方面优化设计：

① 学术用户对于获取到的通过学术搜索指示检索结果的具体文献，提供全部来源地址显示，包括出版商主页、专业数据库、机构站点、开放存取网站等。

② 网络途径可以免费获取全文的学术文献，单列提供"免费全文"或"免费下载"图标显示。

③ 网络途径不能免费获取全文的学术文献，提供"文献传递"或"文献互助"等服务，实现集网民智慧、合理使用，共享学术成果。

（4）参考文献自动生成功能

参考文献是对某一信息资源或其中一部分准确、详细著录数据，常位于文末或文中的信息源。规范参考文献著录，有利于避免学术不端、学术伦理等行为的发生。学术搜索用户获取到的学术文献，需要参考借鉴时，自动生成的规范参考文献著录格式能够提高用户的检索效率，提升学术搜索用户体验度。

目前，世界范围内的参考文献著录格式比较多。学术搜索引擎使用较为多见的自动生成参考文献著录规则有三种，分别为美国心理学会出版发表手册 APA、美国现代语言协会制订的论文指导格式 MLA 以及我国的信息与文献 参考文献著录规则 GB 7714 - 2015，如百度学术、搜狗学术均支持 APA、MLA、GB 7714 - 2015 三种参考文献格式的自动生成。规范参考文献自动生成功能，提升逻辑规则应用的准确率，可以从以下几个方面优化设计：

①自动生成参考文献著录功能的准确性。参考文献著录规则的准确性包括作者名称著录规范（包括简称及全称）、文献类型（期刊、会议论文、学位论文等标识简称不易混淆）、页码著录等，必须做到准确无误。

②自动生成参考文献著录功能的完整性。参考文献应完整包括学术文献的题录信息，包括作者、标题、年份、出版物、页码等。其中，最容易丢失的为页码部分自动生成。

③支持权威的参考文献著录规则的应用。如 APA、GB 7714 –2015、MLA 等。

5.4　本章小结

本章从用户体验角度出发提出了优化学术搜索引擎设计的具体要求，设计了视觉体验、逻辑规则体验 2 个一级维度，资源内容、界面友好、个性化服务、检索功能、结果展示 5 个二级维度，文献来源、输入信息、推荐词、链接有效性等多个三级维度，探讨了具体的设计的维度及优化路径。

视觉体验是学术搜索引擎给予用户的视觉感受，逻辑规则是搜索引擎与用户交互的思维感知交互，从视觉到思维，二者相辅相成。同时，在对每个具体的三级维度功能点分析时，部分或全面列举了当前学术搜索引擎的现状、存在问题及改进方法。对本章内容的设计，以用户从开始打开学术搜索引擎页面开始到用户找到满意搜索结果为止，是用户使用学术搜索引擎的一个完整流程。笔者对整个流程的搜索引擎用户体验设计及优化路径进行了分析和研究。下一章将以本章提出的设计方案及要求为准，对我国商业搜索引擎推出的学术搜索服务进行实证分析，并给出最后的研究结果，以期为未来该类学术搜索引擎的发展提出意见和给出建议。

第6章　基于用户体验的学术搜索引擎对比分析

本章从视觉体验、逻辑规则体验角度出发，采用定性及定量相结合的方法，对我国商业搜索引擎推出的学术搜索服务进行实证对比分析，使用已构建的基于用户体验的学术搜索引擎设计指标，在丰富学术搜索引擎领域实证研究基础上，为学术用户今后选择合适的学术搜索引擎提供参考和借鉴。

6.1　我国学术搜索引擎简介

经过二代、三代搜索引擎技术的发展，随着互联网技术的深入，各类信息资源数量快速膨胀。从电脑端到手机端，面对浩瀚巨量的网络信息资源，用户通过搜索引擎快速获取所需信息尤为重要。为进一步抢占搜索用户市场，帮助学术用户查找网络学术信息，成为搜索引擎服务提供商开发学术搜索引擎，并从非学术型网站转向学术型网站服务普通大众的一种新的发展方向。

目前，我国市场上该类型的学术搜索引擎主要是通过科学组织、管理和维护网络中的学术信息，为用户提供相应的检索入口，以便其快速获取网络学术信息，为学术用户提供便捷、免费及优质学术搜索服务的同时，也扩大了搜索引擎服务提供商的影响力。该类学术搜索引擎知识点前面相关章节已经提及，以下简要介绍各学术搜索引擎的历史发展。

6.1.1　百度学术搜索

百度源于"众里寻他千百度"。2000 年 11 月 13 日，李彦宏于中关村创建了百度公司并开始提供搜索服务，访问网址为 ht-tps：//www. baidu. com/，其主要内容包括网站目录检索和网页检索两大部分。① 之后，百度公司不断推陈出新，开发了一系列产品为互联网用户提供各种模式的搜索服务，包括音乐搜索、视频搜索、地图搜索、新闻搜索等服务。

2014 年 6 月，百度旗下的免费学术资源搜索平台"百度学术（访问网址为 http：//xueshu. baidu. com/）正式上线。它是百度旗下的免费学术资源搜索平台，主要致力于学术资源检索、大数据挖掘分析等服务，提供学术资源生态圈，为国内外科研工作者提供学术资源检索和科研服务体验。发展至今，百度学术拥有 120 万个国内外学术站点、4 亿篇中外文学术文献、12 亿条文献全文链接、300 个学科研究方向、400 万个国内学者主页、1 万种中文学术期刊、300 万个科研主题词。② 随着百度学术的不断发展，其提供的学术搜索、大数据挖掘等服务逐步被广大学术用户所熟知，越来越多的学术用户也将百度学术作为了除专业数据库以外的搜索平台之一。

6.1.2 360 学术搜索

2005 年创建的 360 公司，已经成为我国互联网和移动安全产品及服务提供商，是互联网免费安全的首倡者，先后推出了一系列网络安全产品。目前，360 公司推出了 360 导航、360 搜索、360 浏览器等服务。其中，360 搜索服务网址为 https：//www. so. com/，支持资讯、视频、图片、良医、地图、百科、英文等网络资源搜索服务。

2014 年 8 月 16 日，北京奇虎 360 公司推出"360 学术"平台，访问网址为 http：//xueshu. so. com/，开始提供学术搜索服务，旨在"博观而约取，厚积而薄发"，提供海量中英文期刊论文搜

---

① 百度. 广州视窗采用百度搜索技术[EB/OL]. (2000 - 11 - 13)[2020 - 03 - 17] http：//home. baidu. com/home/index/news_detail/id/16959

② 百度学术. 关于我们[EB/OL]. [2020 - 03 - 03]. http：//xueshu. baidu. com/ usercenter/show/baiducas？cmd = page

索服务。①

6.1.3　搜狗学术

2004 年 8 月，门户网站搜狐公司推出了全球第三代互动式中文搜索引擎——搜狗搜索。经过十余年的发展，搜狗目前形成了以搜索引擎、输入法和浏览器为主，以通话管理、地图、智能硬件等产品为辅的产品服务布局。② 2013 年，腾讯 SOSO 并入搜狗，搜狗搜索重置行业格局，开始打造微信搜索等服务，拓宽了搜狗搜索领域的服务。

2016 年 5 月 19 日，搜狗宣布与微软正式达成合作，搜狗搜索对接微软必应全球搜索技术，推出了搜狗英文搜索、搜狗学术搜索两项服务，为学术搜索用户提供基于学术资源检索的搜索体验。③

6.1.4　Bing 学术搜索

微软必应（英文名为 Bing）是微软公司于 2009 年 5 月 28 日推出用以取代 Live Search 搜索引擎服务的搜索平台，访问网址为 https：//cn. bing. com/。目前，微软必应提供国内版、国际版两个访问端入口，为符合中国搜索用户的使用习惯，Bing 的中文名为"必应"。目前，必应搜索为中国用户提供网页、图片、视频、学术等全球信息搜索服务。

必应学术搜索访问网址为 https：//cn. bing. com/academic/，涵盖了海量的中英文优质学术资源，其目标是"提供来自全球的多语种文献搜索服务"，具体涉及多个学科的期刊、会议论文等的搜索服务。④

---

① 360 学术. 奇虎 360 旗下搜索服务［EB/OL］.［2020 – 03 – 03］. http：//xueshu. so. com/s？q = + &b = 2020

② 搜狗. 关于搜狗［EB/OL］.［2020 – 03 – 03］. http：//corp. sogou. com/introduction. html

③ NBETA. 搜狗与微软达成合作发布英文及学术搜索［EB/OL］.［2020 – 03 – 04］. http：//cache. baiducontent. com/

④ Bing. 微软学术［EB/OL］.［2020 – 03 – 04］. https：//cn. bing. com/academic/

6.1.5 国搜学术

2013 年 10 月，中国搜索开始筹建。2014 年 3 月正式上线，推出了新闻、报刊、网页、图片、视频、地图、网址导航七类综合搜索服务。目前，中国搜索（简称"国搜"）的访问网址为 http：// www. chinaso. com/，是由人民日报、新华社、中央电视台、光明日报、经济日报、中国日报、中国新闻社的中央七大新闻单位联手打造，面向用户推出搜索引擎服务。① 之后，中国搜索又推出了"国搜学术"，访问网址为 http： // scholar. chinaso. com/，以学者为中心，以学者研究项目、论文、专利等研究成果为资源，提供学术搜索服务。

以百度学术、360 学术、搜狗学术、必应学术、国搜学术为代表的 5 款学术搜索引擎是目前我国商业搜索引擎推出学术搜索服务的主要平台。它们的存在与发展，对于学术搜索用户来说，无疑是为学术资源的搜索提供了更多的选择和参考。文后将从用户体验角度从出发，采用定性与定量相结合的方法，对 5 款学术搜索引擎进行实证对比研究。

6.2 视觉体验设计评价

6.2.1 资源内容

（1）文献来源

我国商业搜索引擎推出的 5 款学术搜索引擎平台，通过访问学术搜索网站、查阅文献资料等可知，自上线至今，均没有对外公布其文献收录来源。但通过对 5 款学术搜索引擎检索结果文献类别，可以推测其收录学术文献的主要来源。

百度学术搜索的文献来源主要可以分为三类：第一类是来自商业数据库，如中国知网、万方数据、维普资讯、Web of science

---

① 中国搜索.公司简介［EB/OL］.［2020 – 03 – 04］.http： // www. chinaso. com/ home/ intrduction. html

等；第二类是学术出版社网站，如 Springer、SAGE、ELSEVIER 等；第三类是开放存取网站、.com 类域名网站，如 OALib 开放存取图书馆（http：∥www. oalib. com/）、DOAJ 开放存取期刊目录（https：∥doaj. org/）、掌桥科研（https：∥www. zhangqiaokeyan. com/）等。百度学术搜索引擎文献收录来源相对较多，从学术搜索专业"管理网站"区域累积获得学术文献的 26 种站点收录来源。

360 学术、搜狗学术、必应学术搜索的文献来源与百度学术类似，有的来自商业数据库，如中国知网、万方、维普、Science-Direct、Wiley 等；有的来自学术出版机构，如英国医学会下属专业医学出版机构 BMJ（http：∥jmg. bmj. com/）等；还有的来自政府、网络站点、高校校园网（域名为. gov、. net、. edu）等收录的学术文献。除此之外，还有包括如 ResearchGate 之类社交网站收录的学术资源。国搜学术收录来源主要为大学、政府网站及商业网站域名为. edu、. gov、. com 发布的学术信息。从文献收录来源丰富程度看，国搜学术明显不如其余 4 款学术搜索引擎。因此，从文献资源收录来源看，除国搜学术外，其余 4 款学术搜索引擎基本涵盖了学术文献所有的收录方式。

（2）资源类型

学术文献的类型分类方式多种多样，根据文献的出版形式和内容特征，可以分为图书、期刊、报纸和特种信息。其中，特种信息还可以具体细分为专利、标准、学位论文、科技报告等。原则上来说，学术搜索引擎收录的资源内容应涉及学术文献的各种类型，保证收录的多样性，才能确保用户体验的满意度。

通过学术搜索引擎实验调查获取相关数据可知，百度学术收录的文献类型包括期刊、学位论文、图书、会议论文和专利五种，收藏类别较为丰富。搜狗学术搜索主要收录文献类型为期刊论文、会议论文、图书等。360 学术搜索主要收录文献类型为期刊论文、会议论文、学位论文、图书等。必应学术搜索主要收录文献类型为期刊论文、会议论文等。国搜学术主要收录了涉及学术文献、学者的网络资源，严格意义上来说不是纯学术文献的资源类别。因此，从收录资源类型来看，百度学术收录类型最多，其次是搜狗学术、360 学术、必应学术，国搜学术不如其余 4 种，收录资源类型最少。

6.2.2　页面友好

从调查结果来看，当前的学术搜索引擎访问界面和途径均没有提供支持移动互联状态下智能手机访问的 App 应用模式。为综合评价基于用户体验的学术搜索引擎，采用定性与定量相结合进行评价，对视觉体验维度下的二级维度"页面友好"下设的三级维度采取评价赋予分值每项最高分 3 分，综合评价方式。

定性评价原则：有且合理的评价值为 3 分，有但一般的评价值为 2 分，有但差的评价值为 1 分，无的评价值为 0 分，如特殊字体、链接有效性、色彩搭配。

定量评价原则：输入信息均支持文本输入、图片输入、语音输入的使用评价值为 3 分，支持 2 种的评价值为 2 分，支持 1 种的评价值为 1 分。推荐词提供字体辨识、输入信息、二级推荐词的使用评价值为 3 分，支持 2 种的评价值为 2 分，支持 1 种的评价值为 1 分。简洁度包括无广告嵌入、页面简洁大方、快速检索区域明显的使用评价值为 3 分，支持 2 种的评价值为 2 分，支持 1 种的评价值为 1 分。热门搜索包括位置居佳、更新周期、与检索入口匹配的使用评价值为 3 分，支持 2 种的评价值为 2 分，支持 1 种的评价值为 1 分。具体评分见表 6-1。

表 6-1　学术搜索引擎页面优化指标评分

SE/指标	百度学术	360 学术	搜狗学术	必应学术	国搜学术
输入信息	1	1	1	1	1
推荐词	2	0	0	1	0
简洁度	3	3	2	2	2
热门搜索	0	1	1	0	1
链接有效性	2	2	2	2	2

续表

SE/指标	百度学术	360学术	搜狗学术	必应学术	国搜学术
特殊字体	3	3	3	3	3
色彩搭配	3	3	3	2	2
小计	14	13	12	11	11

从表6-1可知，百度学术的用户界面指标评分最高，其次为360学术、搜狗学术、必应学术、国搜学术。从用户界面友好度来看，虽然百度学术指标得分最高，但涉及具体的指标中，还存在有待进一步完善之处。因此，不论是百度学术、360学术，还是其他类别的学术搜索引擎，用户界面友好程度有待进一步优化，如输入信息的方式、推荐词智能程度、热门搜索功能、链接有效性等方面。这也给今后学术搜索引擎从页面友好角度出发，提升用户视觉体验提供了具体参考指标，各学术搜索引擎可以根据自身不足，不断完善页面的布局与设置。

6.2.3　个性化服务

基于用户体验的视觉体验角度，进一步综合评价学术搜索引擎的个性化服务内容，采用定性评价原则，对视觉体验下的二级维度"个性化服务"中的搜索历史、搜索设置、订阅推送、个人中心进行赋予分值评价，每项最高分3分，定性评价原则为有且合理的评价值为3分，有但一般的评价值为2分，有但差的评价值为1分，无的评价值为0分。具体评分见表6-2。

表6-2　学术搜索引擎个性化服务指标评分

SE/指标	百度学术	360学术	搜狗学术	必应学术	国搜学术
搜索历史	0	0	0	0	0
搜索设置	2	0	0	2	0
订阅推送	2	0	0	0	0
个人中心	2	0	0	1	0
小计	6	0	0	3	0

从表6-2可知，各学术搜索引擎的个性化服务存在着明显的差异性。5款学术搜索引擎均不提供搜索历史显示功能；仅百度学术、必应学术提供搜索设置、个人中心功能。其中，百度学术提供检索框提示（是/否）、搜索语言范围、搜索结果显示条数、输入法显示页面的搜索设置，必应学术提供语言、国别/地区、搜索结果等内容设置。学术搜索引擎要提升个性化服务功能，提高视觉体验效果，有待于完善搜索设置、搜索历史、订阅推送、个人中心等功能的推广。

6.3 逻辑规则体验设计评价

6.3.1 检索功能

学术搜索引擎逻辑规则的运用直接是以检索功能的设置呈现。基于用户体验的逻辑规则角度，进一步综合评价学术搜索引擎的检索功能内容，采用定性与定量评价相结合原则，对逻辑规则体验下的二级维度"检索功能"中三级维度赋予分值评价。

定性评价原则：每项最高分3分，有且合理的评价值为3分，有但一般的评价值为2分，有但差的评价值为1分，无的评价值为0分（见表6-3）。

定量评价原则：布尔逻辑检索支持逻辑与、逻辑或、逻辑非语句的使用评价值为3分，支持2个语句的使用评价值为2分，支持1个语句的使用评价值为1分，不支持评价值为0分。字段限定支持标题、关键词、作者、摘要、单位、全文、出版物等3种及其以上的评价值为3分，支持2种的使用评价值为2分，支持1种为1分，不支持评价值为0分（见表6-3）。

从表6-3可知，各学术搜索引擎的检索功能参差不齐，甚至不支持部分检索功能。各学术搜索引擎的一般检索功能有待进一步优化；搜狗学术、必应学术和国搜学术的布尔逻辑检索功能缺失；除百度学术以外，其余4款学术搜索引擎不提供高级检索功能且仅支持关键词检索，字段限定功能有限。因此，学术搜索引擎检索功能有待进一步完善及优化，否则影响学术用户的逻辑检索功能体验效果，进而降低用户体验值。

表 6-3　学术搜索引擎检索功能指标评分

SE/指标	百度学术	360 学术	搜狗学术	必应学术	国搜学术
一般检索	1	1	1	1	1
布尔逻辑	3	3	0	0	0
字段限定	3	1	1	1	1
高级检索	3	0	0	0	0
小计	10	4	2	2	2

6.3.2　返回检索结果页面显示

返回检索结果页面显示包括返回检索结果排序、命中文献题录信息及链接获取详情、全文获取、参考文献自动生成四部分。基于用户体验的逻辑规则角度，进一步综合评价学术搜索引擎的返回检索结果页面内容，采用定性与定量评价相结合原则，对逻辑规则体验下的二级维度"返回检索结果页面"中三级维度赋予分值评价。

定性评价原则：每项最高分 3 分，有且合理的评价值为 3 分，有但一般的评价值为 2 分，有但差的评价值为 1 分，无的评价值为 0 分（见表 6-4）。

定量评价原则：检索结果排序，若均支持相关度、时间、被引频次排序的评价值为 3 分，支持 2 种排序的评价值为 2 分，支持 1 种排序的评价值为 1 分，不支持 0 分；命中文献题录信息及链接获取详情，若支持标题、作者、出版物、年份、来源等题录详情显示 5 种以上的评价值为 3 分，3 种以上评价值为 2 分，1 种以上评价值 1 分，不提供 0 分；参考文献自动生成格式 3 种以上为 3 分，不提供为 0 分；提供全文获取链接或方式为 3 分，不提供为 0 分（见表 6-4）。

表 6-4　学术搜索引擎返回结果显示指标评分

SE/指标	百度学术	360 学术	搜狗学术	必应学术	国搜学术
结果排序	3	3	1	1	0
题录详情	3	3	2	2	3
全文获取	3	3	2	2	2
参考文献生成	3	0	3	0	0
小计	12	9	8	5	5

从表6-4可知，在学术搜索引擎的返回检索结果页面显示功能中，百度学术的逻辑规则体验设计最为合理，其次是360学术、搜狗学术，必应学术和国搜学术页面显示功能有限，有待进一步完善对返回检索结果页面的设计，提升用户体验满意度。

6.4　学术搜索引擎实例测试

为更科学、合理、直观地评价学术搜索引擎在收录文献来源、文献总量的差异性，笔者采用实验分析法，选取四组实例进行测试，通过一般途径检索，对检索结果的获取采用默认排序方式，文献来源地址摘录前五位，检索时间为2020年3月20日（见表6-5、表6-6、表6-7、表6-8）。

表 6-5　检索实例测试 1

指标	SI	检索结果/条	检索实例	注释
文献总量	百度学术	25900	SU＝肺炎疫苗	主题为"肺炎疫苗"的学术文献
	360 学术	44600		
	搜狗学术	321		
	必应学术	3980		
	国搜学术	245		

续表

指标	SI	检索结果/条	检索实例	注释
文献来源	百度学术	万方、知网、维普、cprs. patentstar. com、TWS		排名前五的来源地址
	360学术	万方、维普、知网		
	搜狗学术	Medlive、WHO、万方、Cochrane、CDC		
	必应学术	Medlive、WHO、万方、Cochrane、知网		
	国搜学术	清华大学、万方、维普		

注：文献来源地址为所有地址排在前五的，不足5个仅列已有的地址。

表6-6 检索实例测试2

指标	SI	检索结果/条	检索实例	注释
文献总量	百度学术	308000	SU = social network	主题为"ocial network"的学术文献
	360学术	864000		
	搜狗学术	315000		
	必应学术	274000		
	国搜学术	0		
文献来源	百度学术	JSTOR、ResearchGate、Oxford Univ Press、Elsevier、NCBI		排名前五的来源地址
	360学术	Wiley、ResearchGate、APA、ACM、citeseerx		
	搜狗学术	Openlibrary. org、NII、agris、amazon、UMD		
	必应学术	Agris、www. journals. uchicago. edu、amazon、sciencedirect、UMD		
	国搜学术	—		

注：文献来源地址为所有地址排在前五的，不足5个仅列已有的地址。

表 6-7　检索实例测试 3

指标	SI	检索结果/条	检索实例	注释
文献总量	百度学术	5700	AU = 钟南山	作者"钟南山"发表文献
	360 学术	549		
	搜狗学术	186		
	必应学术	183		
	国搜学术	0		
文献来源	百度学术	知网、维普、万方、超星、掌桥科研		排名前五的来源地址
	360 学术	知网、维普、万方		
	搜狗学术	Medlive、知网、万方、维普、www. nsfc. gov. cn		
	必应学术	知网、medlive、万方、维普、365heart		
	国搜学术	–		

注：文献来源地址为所有地址排在前五的，不足 5 个仅列已有的地址。

表 6-8　检索实例测试 4

指标	SI	检索结果/条	检索实例	注释
文献总量	百度学术	589	AU = Albert Bandura	作者"Albert Bandur"发表文献
	360 学术	609		
	搜狗学术	18100		
	必应学术	19600		
	国搜学术	0		
文献来源	百度学术	APA、NCBI、Agris、Europe PMC、Wiley		排名前五的来源地址
	360 学术	JSTOR、SAGE、APA、Wiley、Springer		
	搜狗学术	Ukessays、斯坦福大学、ebscohost、剑桥大学、waterstones		
	必应学术	Wiley、econpapers、加州大学、肯塔基大学、semanticscholar. org		
	国搜学术	–		

注：文献来源地址为所有地址排在前五的，不足 5 个仅列已有的地址。

5 款学术搜索引擎的实例测试结果及存在问题如下。

① 在文献收录来源上，5 款学术搜索引擎的文献来源主要为 3 类，涉及专业数据库、大学、开放存取站点等。其中，尤以百度学术、360 学术、搜狗学术、必应学术的文献收录文献来源较为丰富，国搜学术收录来源较为匮乏。即使在获得相关检索结果中，国搜学术的文献收录来源为"保密"，即不提供文献收录来源提示，学术文献详情经过了国搜学术系统后台编辑整理。

② 在文献总量上，百度学术、360 学术、搜狗学术、必应学术均拥有丰富的学术文献。其中，百度学术搜索拥有丰富的中文学术文献，搜狗学术、必应学术相对拥有较丰富的外文学术文献，国搜学术收录的学术文献最少，甚至出现了检索结果为 0。

③ 在用户体验的视觉体验层面，百度学术的视觉体验最佳，其次为 360 学术、搜狗学术及必应学术，视觉体验最差的为国搜学术。

④ 在用户体验的逻辑规则层面，学术搜索引擎检索功能的各种逻辑规则运用存在明显差异性，导致检索结果不准确、甚至出现检索结果错误的现象。如查找主题为 social network 的学术文献，部分检索结果仅提到了 social 而已。

6.5　我国学术搜索引擎未来发展的应对之策

6.5.1　学术文献来源及容量更丰富、准确

学术文献来源地址的准确可以保证学术信息的正确，文献容量丰富程度可以促进学术用户对所研究领域的持续关注。本书研究的 5 款学术搜索引擎，严格上来说，都属于我国较为年轻、从商业搜索引擎转向学术搜索服务的学术搜索引擎，在实际应用过程中却存在着较大的差异性，部分用户体验满意度存在不理想的情形。因此，首先应保证学术文献来源和容量的丰富、准确，才能为用户获取专业的学术文献提供可能。今后，这类学术搜索引擎若想进一步保证在学术搜索市场，尤其是中文学术搜索市场站

稳脚跟，不断丰富和完善学术文献来源是首要解决的问题。

6.5.2 逻辑检索规则的应用更健全、易用

学术搜索引擎收录的学术文献总量再丰富，倘若没有功能健全、逻辑匹配易用的搜索平台，均难以保障学术搜索引擎准确获取相关学术文献，不利于学术搜索引擎检索的查全率、查准率的提升。5 款学术搜索引擎仅百度学术提供高级检索，基本支持或部分支持检索结果排序、字段限定，这容易降低学术用户对检索主题文献的获取率。学术搜索引擎逻辑规则相关功能缺失，影响了平台的易用性，降低了用户体验的满意度。

6.5.3 色彩搭配、界面结构更简洁、合理

色彩搭配、界面结构一定程度上影响学术用户对学术搜索引擎的体验效果。色彩搭配不合理、界面内容复杂，容易影响学术用户的搜索体验及对学术搜索引擎的持续关注度，进而影响用户对学术搜索引擎的黏度。学术搜索引擎色彩搭配、界面结构给用户以严谨、科学之感。学术搜索引擎的色彩倾向使用白色底页面配黑色文字，检索结果返回页面中，命中检索词以红色字体显示。360 学术、搜狗学术及必应学术等需要在色彩搭配、界面结构上进一步优化。

6.5.4 个性化服务更智能、可靠

学术搜索引擎提供个性化服务功能越多，越能够从视觉上俘获学术用户的"心"。学术搜索引擎的个性化服务有利于扩大学术用户群体，更好地诠释和共享互联网的学术资源。学术搜索引擎的个性化服务，不论是在搜索历史、搜索设置、个人中心、订阅推送等服务功能优化上都任重道远。未来，学术搜索引擎有待完善个性化服务的智能性和可靠性。

6.5.5 学术搜索引擎用户体验整体评价

不论是通过前面章节有关学术搜索引擎用户的调查，还是本章学术搜索引擎的实例测试情况，学术搜索引擎的用户体验、视觉体验、逻辑规则体验等，其满意度和可靠性各有千秋，用户整体评价有待进一步提升。

6.6　本章小结

商业搜索引擎推出学术搜索服务至今，从最早的 Google Scholar 到今天的百度学术、360 学术等已有若干年。Google Scholar 一度成为该领域的领跑者，但因种种原因，Google Scholar 已不能正常使用。自百度学术诞生后，随后也出现了 360 学术、搜狗学术、国搜学术等学术搜索引擎。这些学术搜索引擎功能不断推陈出新，逐步成功成为图书馆馆藏资源、专业数据库等平台之外的重要的检索平台，也逐步被广大学术用户所认识、接受。各学术搜索引擎各有特点，今后，学术搜索引擎如何在使用过程中免费、共享，提高用户体验依旧是一个值得进一步探索的领域。

第7章 总结与展望

7.1 研究成果

学术搜索引擎的出现，为解决用户在获取所需数字信息资源时遇到的"我们简直要在信息的海洋中淹死，却因为缺乏知识而渴死"矛盾提供了可能。同时，也给人们的学习、生活、工作带来了便利。但是，用户"搜商"不高、学术搜索引擎平台不智能、用户体验效果不理想等因素都影响了用户最大限度地获取数字信息资源，影响了搜索用户对所需主题学术信息获取的查全率、查准率。

本书研究着力提升在使用学术搜索引擎过程中的用户体验满意度。以用户的搜索行为为基础，从学术搜索引擎的视觉体验、逻辑规则体验两个维度设计学术搜索引擎及优化路径。视觉体验界面是学术搜索引擎与用户进行交互的页面，是用户视觉感知学术搜索引擎的重要部分，也是用户所能获得的全部输入信息、输出结果的第一窗口，它包括资源内容、页面友好、个性化服务。因此，学术搜索引擎的视觉体验设计及优化有利于提升学术搜索的用户体验。同时，逻辑规则体验主要体现了学术搜索引擎的检索功能，包括检索功能和结果展示，对于学术搜索引擎的设计及优化也同样重要。

本书从视觉体验、逻辑规则两方面，研究提升学术搜索引擎的用户体验设计及优化路径，期望为减少用户与学术搜索引擎的交互时间，提高用户使用学术搜索引擎效率提供引导。研究基于用户体验的学术搜索引擎对我国用户体验、搜索引擎领域的研究有着重要的理论意义和现实意义。本书的主要研究成果主要有以下两点。

第一，研究基于用户体验的学术搜索引擎设计丰富了学术搜索引擎的理论研究。从用户角度出发，以用户为中心，通过对用户学术搜索行为分析、对用户搜索行为习惯进行挖掘，总结提升学术搜索用户体验的方法，提出基于用户体验的学术搜索引擎设计指标模型。同时，通过案例实验，验证该模型对于提升用户的学术搜索效果。因此，通过对以上理论问题的探讨，有利于丰富和完善信息检索理论、学术搜索理论以及用户体验等领域研究，从而为图书馆学应用理论学科的发展起到一定的推动作用。

第二，研究基于用户体验的学术搜索引擎设计及优化路径，指导了学术搜索引擎实践应用的发展。在现实中，有一系列与学术搜索引擎相关的问题需要我们去研究和解决。例如，如何更好地提高用户利用学术搜索引擎的搜索水平？如何解决"我们简直要在信息的海洋中淹死，却因为缺乏知识而渴死"的矛盾？如何定性评价学术搜索引擎的查全率、查准率？如何科学评价学术搜索引擎的检索功能？如何选择科学、合理的学术搜索引擎？通过基于用户体验的学术搜索引擎设计，可以帮助我们解决这些学术搜索过程中的现实问题。

总之，通过本次研究，为改善学术用户使用学术搜索引擎过程中的用户体验，以用户的学术搜索行为作为基础，对我国互联网市场、搜索引擎市场进行分析总结，调研了我国学术搜索引擎用户的搜索行为。然后，从视觉体验、逻辑规则体验两个维度设计了基于用户体验的学术搜索引擎。对目前我国商业搜索引擎推出的比较流行的学术搜索引擎进行了实证评价，优化学术搜索引擎的视觉体验层和逻辑规则层，减少用户与学术搜索引擎交互时间，提高学术搜索引擎的用户体验满意度。因此，经过试验验证学术搜索引擎评价指标模型对提升学术搜索引擎的使用效果，开拓学术搜索引擎理论领域研究有着重要的现实意义。

7.2 研究的主要内容

7.2.1 我国互联网及搜索引擎的发展

本书对我国互联网近十年来的发展进行了归纳、总结，搜索引擎市场的发展、搜索引擎整体的用户体验越来越受到搜索引擎商的重视，为促进学术搜索引擎的发展提供了可能。

7.2.2 基于用户体验的学术搜索引擎用户搜索行为调查

为了解当前学术搜索引擎用户的搜索行为，有必要通过问卷调查、访谈等方式，全面调查了解。用户是学术搜索引擎产品设计的核心，也是学术搜索引擎产品的使用者和忠实拥护者。用户使用学术搜索引擎的行为是进行学术搜索引擎设计和功能开发的基础。因此，若想设计的学术搜索引擎是一款优质的、智能的互联网应用产品，必然需要以学术用户为中心，从用户体验出发，始终围绕学术用户行为进行设计。本书研究用户的搜索行为兼顾了手机端、PC 端学术搜索用户的差异性，调查挖掘出了学术用户的搜索习惯，这些结论也应用到了基于用户体验的学术搜索引擎评价相应维度的设计中。

7.2.3 学术搜索引擎用户体验设计维度及优化路径

分析学术用户使用学术搜索引擎界面的行为习惯、交互方式等，从多维度考虑，总结了学术用户搜索引擎视觉体验层面、逻辑规则体验层面，以及 5 个二级维度和 21 个三级维度的具体内容。具体包括文献来源、资源类型、输入信息、推荐词、简洁度、色彩搭配、链接有效性、特殊字体、热门搜索、搜索历史、搜索设置、订阅推送、个人中心、一般检索、布尔逻辑检索、字段限定、高级检索、返回检索结果排序、链接详情、全文获取等。

7.2.4 基于用户体验的学术搜索引擎实验测试

针对本书设计的提升学术搜索引擎用户体验评价方法，笔者采用实验测试的方法，结合具体案例分别测试了我国目前 5 款该类学术搜索引擎。通过测试，获得了相应的实验数据，佐证了该评价维度的适合性。最后，评估了学术搜索引擎存在的问题及优化功能，总结分析了学术搜索引擎的未来发展应对之策。

7.3 创新性

通过对我国互联网市场、搜索引擎及学术搜索引擎的研究和分析，设计了提升学术搜索引擎用户体验的方法，提出了基于文本搜索、语音搜索、图片搜索进行用户信息输入的学术搜索引擎交互方式，关注学术用户的视觉体验、逻辑规则体验，注重学术搜索引擎的外在界面设计以及内在逻辑规则功能完善，进而提升学术用户体验满意度，增强交互体验感。关于学术搜索引擎用户体验不佳的问题较多，本书的创新性主要体现在两方面：

（1）本书在吸收业内专家、学者现有研究成果基础上，更多的是从用户体验角度出发，多维度评价商业学术搜索引擎。

（2）构建了基于用户体验的学术搜索引擎指标体系。

7.4 展望

笔者对于学术搜索引擎的跟踪研究已有若干年，累积了部分基于用户体验的学术搜索引擎评价的经验及成果。本次研究是在前期研究基础上进一步系统研究商业搜索引擎推出学术搜索服务功能的现状及设计优化路径。研究难免存在不足之处，主要体现在两方面：

（1）学术搜索引擎用户体验的实验测试，仅对文献来源及文献容量进行了测试，实验测试的内容有待进一步深入。

（2）本研究更多的是从用户角度出发，对学术搜索服务交互情况的研究，有待进一步加强学术搜索引擎系统本身的具体技术、逻辑原理等进行研究分析。

学术搜索引擎是学术用户在浩瀚无序的互联网环境中查找学术资源的重要窗口。随着计算机技术的进一步发展，学术用户与互联网之间的关系将更加紧密，智能化、个性化且基于用户体验的学术搜索引擎是未来发展的必然趋势。通过本书的研究，未来提升学术搜索引擎的人机交互度，增加用户体验满意度可以从本书提到的设计维度展开。相信在不久的将来，学术搜索引擎的发展也会伴随着用户体验的不断深入，产生更多新的研究课题和研究成果。

参考文献

［1］ITU. Measuring the Information Society Report 2018［EB/OL］. ［2020－01－29］. https：//www. itu. int/en/ITU－D/Statistics/ Pages/publications/misr2018. aspx

［2］ITU. 16th World Telecommunication/ICT Indicators Symposium （WTIS）［EB/OL］. ［2020－01－29］. https：//www. itu. int/ en/ITU－D/Statistics/Pages/events/wtis2018/default. aspx

［3］新华网. 第六届世界互联网大会：乌镇峰会［EB/OL］. ［2020－ 01－30］. http：//www. zj. xinhuanet. com/2019wicwuzhen/in- dex. htm

［4］中国网络空间研究院. 世界互联网发展报告2019［M］. 北京： 电子工业出版社，2019. GMIC. 2020GMIC在线［EB/OL］. （2020－4－25）［2020－8－10］. http：//www. gmic. cn/legacy

［5］中国互联网信息中心. 第一次中国互联网络发展状况调查统计 报告［EB/OL］. （1997－12－01）［2020－01－30］. http：// www. cnnic. net. cn/hlwfzyj/hlwxzbg/hlwtjbg/201206/t20120612_ 26721. htm

［6］中国互联网信息中心. 第43次中国互联网络发展状况统计报 告［EB/OL］. （2019－02－28）［2020－07－01］. http：//www. cnnic. net. cn/hlwfzyj/hlwxzbg/hlwtjbg/201902/t20190228_70645. htm

［7］中国互联网信息中心. 第42次中国互联网络发展状况统计报 告［EB/OL］. （2018－08－20）［2020－07－04］. http：//www. cnnic. net. cn/hlwfzyj/hlwxzbg/hlwtjbg/201808/t20180820_70488. htm

［8］中国互联网信息中心.第 41 次中国互联网络发展状况统计报告［EB/OL］.（2018 - 03 - 05）［2020 - 07 - 15］.http：//www.cnnic.net.cn/hlwfzyj/hlwxzbg/hlwtjbg/201803/t20180305_70249.htm

［9］中国互联网信息中心.第 40 次中国互联网络发展状况统计报告［EB/OL］.（2017 - 08 - 03）［2020 - 07 - 21］.http：//www.cnnic.net.cn/hlwfzyj/hlwxzbg/hlwtjbg/201708/t20170803_69444.htm

［10］中国互联网信息中心.第 39 次中国互联网络发展状况统计报告［EB/OL］.（2017 - 01 - 22）［2020 - 07 - 22］.http：//www.cnnic.net.cn/hlwfzyj/hlwxzbg/hlwtjbg/201701/t20170122_66437.htm

［11］中国互联网信息中心.第 38 次中国互联网络发展状况统计报告［EB/OL］.（2016 - 08 - 03）［2020 - 07 - 23］.http：//www.cnnic.net.cn/hlwfzyj/hlwxzbg/hlwtjbg/201608/t20160803_54392.htm

［12］中国互联网信息中心.第 37 次中国互联网络发展状况统计报告［EB/OL］.（2016 - 01 - 22）［2020 - 07 - 25］.http：//www.cnnic.net.cn/hlwfzyj/hlwxzbg/hlwtjbg/201601/t20160122_53271.htm

［13］中国互联网信息中心.第 36 次中国互联网络发展状况统计报告［EB/OL］.（2015 - 07 - 22）［2020 - 07 - 30］.http：//www.cnnic.net.cn/hlwfzyj/hlwxzbg/hlwtjbg/201507/t20150722_52624.htm

［14］中国互联网信息中心.第 35 次中国互联网络发展状况统计报告［EB/OL］.（2015 - 02 - 03）［2020 - 07 - 31］.http：//www.cnnic.net.cn/hlwfzyj/hlwxzbg/hlwtjbg/201502/t20150203_51634.htm

［15］中国互联网信息中心.第 34 次中国互联网络发展状况统计报告［EB/OL］.（2014 - 07 - 21）［2020 - 07 - 31］.http：//www.cnnic.net.cn/hlwfzyj/hlwxzbg/hlwtjbg/201407/t20140721_47437.htm

［16］中国互联网信息中心.第 33 次中国互联网络发展状况统计报告［EB/OL］.（2014 - 03 - 05）［2020 - 07 - 31］.http：//www.cnnic.net.cn/hlwfzyj/hlwxzbg/hlwtjbg/201403/t20140305_46240.htm

［17］中国互联网信息中心.第 32 次中国互联网络发展状况统计报告［EB/OL］.（2013 - 07 - 17）［2020 - 07 - 31］.http：//

www. cnnic. net. cn/hlwfzyj/hlwxzbg/hlwtjbg/201307/t20130717 _
40664. htm

［18］中国互联网信息中心. 第 31 次中国互联网络发展状况统计报告［EB/OL］.（2014 – 03 – 05）［2020 – 07 – 31］. http：// www. cnnic. net. cn/hlwfzyj/hlwxzbg/hlwtjbg/201403/t20140305 _ 46239. htm

［19］中国互联网信息中心. 第 30 次中国互联网络发展状况统计报告［EB/OL］.（2012 – 07 – 23）［2020 – 07 – 31］. http：// www. cnnic. net. cn/hlwfzyj/hlwxzbg/hlwtjbg/201207/t20120723 _ 32497. htm

［20］中国互联网信息中心. 第 29 次中国互联网络发展状况统计报告［EB/OL］.（2012 – 01 – 16）［2020 – 07 – 31］. http：// www. cnnic. net. cn/hlwfzyj/hlwxzbg/hlwtjbg/201206/t20120612 _ 26720. htm

［21］中国互联网信息中心. 第 28 次中国互联网络发展状况统计报告［EB/OL］.（2011 – 07 – 19）［2020 – 07 – 31］. http：// www. cnnic. net. cn/hlwfzyj/hlwxzbg/hlwtjbg/201206/t20120612 _ 26719. htm

［22］中国互联网信息中心. 第 27 次中国互联网络发展状况统计报告［EB/OL］.（2011 – 01 – 18）［2020 – 07 – 31］. http：// www. cnnic. net. cn/hlwfzyj/hlwxzbg/hlwtjbg/201206/t20120612 _ 26718. htm

［23］中国互联网信息中心. 第 26 次中国互联网络发展状况统计报告［EB/OL］.（2010 – 07 – 15）［2020 – 07 – 31］. http：// www. cnnic. net. cn/hlwfzyj/hlwxzbg/hlwtjbg/201206/t20120612_26717. htm

［24］中国互联网信息中心. 第 25 次中国互联网络发展状况统计报告［EB/OL］.（2010 – 01 – 15）［2020 – 07 – 31］. http：// www. cnnic. net. cn/hlwfzyj/hlwxzbg/hlwtjbg/201206/t20120612_26716. htm

［25］中国互联网信息中心. 第 44 次中国互联网络发展状况统计报告［EB/OL］.（2019 – 08 – 30）［2020 – 01 – 30］. http：// www.

cnnic. net. cn/hlwfzyj/hlwxzbg/hlwtjbg/201908/t20190830_70800. htm

[26] 中国互联网信息中心. 第46次中国互联网络发展状况统计报告[EB/OL]. (2020–09–29)[2020–12–12]. http://www. cnnic. net. cn/hlwfzyj/hlwxzbg/hlwtjbg/202009/t20200929 _ 71257. htm

[27] SimilarWeb. Ranking the Top 100 Websites in the World[EB/OL]. (2019–08–07)[2020–01–30]. https://www. visual-capitalist. com/ranking–the–top–100–websites–in–the–world/

[28] 中国互联网信息中心. 2019年中国网民搜索引擎使用情况研究报告[EB/OL]. (2019–10–25)[2020–01–30]. http://www. cnnic. net. cn/hlwfzyj/hlwxzbg/ssbg/201910/t20191025_70843. htm

[29] 刘敏. 基于用户体验的微软学术搜索和百度学术搜索对比研究[J]. 情报探索,2018(07):55–63.

[30] Smith C W. Study of users' experiences with rubber-tired farm tractors[J]. Agricultural Engineering, 1935,16(2):45–52.

[31] Davis, B. User experience with database management systems in the UK[J]. Database Journal,1977, 7(3):2–8.

[32] Plourde P J. User experience with data base management systems in higher education[J]. CAUSE/EFFECT,1981, 4(2):14–17.

[33] 心理学名词审定委员会. 心理学名词[M]. 2版. 北京:科学出版社,2019.

[34] Wikipedia. User Experience[EB/OL]. [2019–12–07]. https://en. wikipedia. org/wiki/User_experience

[35] International Organization for Standardization (2009). Ergonomics of human system interaction – Part 210: Human – centered design for interactive systems (formerly known as 13407). ISO F ± DIS 9241 –210:2009.

[36] 邓胜利. 国内外用户体验研究进展[J]. 图书情报工作,2008

（3）:43 - 45.

[37] Forlizzi J, Ford S. The building blocks of experience: an early framework for interaction designers // Proceedings of the DIS 2000 Seminar. Communications of the ACM,2000:419 - 423.

[38] Dewey J. Art as experience[M]. Nework:Perigee,1980:355.

[39] Garrett JJ. The elements of user experience: user-centered design for the web[J]. New York: New Riders Publishing,2003: 12 - 20.

[40] Leena A. Capturing user experience for product design[EB/OL].[2020 - 08 - 11]. https://www. researchgate. net/publication/255587485_CAPTURING_USER_EXPERIENCE_FOR_PRODUCT_DESIGN

[41] Norman D A. The invisible computer[M]. New York:MIT Press,1998:78.

[42] 肖希明.数字信息资源建设与服务研究[M].武汉:武汉大学出版社,2008:2.

[43] 全国科学技术名词审定委员会. 图书馆情报与文献学名词[M].1 版. 北京:科学出版社,2019./术语在线. 搜索引擎[EB/OL].[2020 - 02 - 01]. http://www. termonline. cn/list. htm? k =数字资源.

[44] 刘敏,许伍霞,曹小宇. 科学数据素养教育[M].镇江:江苏大学出版社,2020.

[45] 中国国家标准化管理委员会. 信息与文献参考文献著录规则:3 术语与定义[S].北京:中国标准出版社,2015:12.

[46] 全国科学技术名词审定委员会.计算机科学技术名词[M].3 版. 北京:科学出版社,2020./术语在线. 搜索引擎[EB/OL].[2020 - 02 - 01]. http://www. termonline. cn/list. htm? k =搜索引擎.

[47] 刘敏,许伍霞,曹小宇.信息检索与利用[M].镇江:江苏大学出版社,2019:78.

[48] 李晓明,闫宏飞,王继民. 搜索引擎——原理技术与系统 [M].2 版.北京:科学出版社,2019.

[49] Cheng Huanwen. A bibliometric sudy of library and information research in China[J/OL]. Asian Libraries, 1996,5(2), 30 – 45(1996 – 08 – 25)[2020 – 02 – 03]. https://archive.ifla.org/IV/ifla62/62 – huac. htm

[50] Su L T, Chen Hsin-liang, Dong Xiaoying. Evaluation of web-based search engines from the end-user's perspective:a pilot study[J]. Pittsburgh,1998(35):348 – 361.

[51] Leighton H V, Srivastava J. First twenty precision among World Wide Web search services(search engines):AltaVista, Excite, Hotbot,Infoseek,Lycos[J]. Journal of American Society for Information Science,1999,50(10):870 – 881.

[52] Vaughan L. New measurement for search engine evaluation proposed and tested[J]. Information Procession & Management, 2004,40(4):677 – 691.

[53] Presgrave Trevor. Collaborative search engines:toward a meta-design for improving the user experience [D]. Cincinnati:University of Cincinnati,2015.

[54] Ramaraj Palanisamy, Yifan Liu. Users' search satisfaction in search engine optimization [J]. Big data and IoT, 2018: 1035 – 1045.

[55] Pedro R Palossanchez, Felix A Martinvelicia, Jose Ramon Saura. Complexity in the acceptance of sustainable search engines on the internet:an analysis of unobserved heterogeneity with FIMIX – PLS[J]. Complexity,2018(13):1 – 19.

[56] Michael Omame Isaiah, Petunola Abifarin Fasola, Jimmy Udoudoh Samuel. Usability evaluation of web search engines using navigational query model examples from library and information services [J]. I-Manager's Journal on Information Technology,

2019(3):1-10.

[57] Kerber N R. Mobile search engines for senior citizens: design challenges and opportunities[D]. Baltimo: University of Baltimo,2015.

[58] Hahnel, Carolin, Goldhammer, et al. The role of reading skills in the evaluation of online information gathered from search engine environments[J]. Computers in Human Behavior, 2018(10): 223-234

[59] Elagoz M T,Mendeli M,Manioglulari R Z, et al. An empirical evaluation on meat-image search engines[J]. Bucharest, 2008: 135-139.

[60] Ghose A, Ipeirotis P G, Li B. Designing ranking systems for hotels on travel search engines to enhance user experience[J]. Marketing Science,2010(4):113.

[61] Artur, Karczmarczyk, Jarosław, et al. Linguistic query based quality evaluation of selected image search engines[J]. Procedia Computer Science, 2017,112: 1809-1818

[62] González-IbáTez, Roberto, Preao-Ríos, et al. Effects of a visual representation of search engine results on performance, user experience and effort[J]. Proceedings of the Association for Information Science and Technology, 2017, 54(1):128-138.

[63] 余锦秀. 基于用户行为分析的搜索引擎自动评价技术研究[D]. 北京邮电大学, 2013.

[64] 王婧,宋培建,周耿,等.搜索引擎营销中关键词广告研究综述——基于用户行为的视角[J].南大商学评论,2013,9(01):121-140.

[65] 刘健,刘奕群,马少平,等.搜索引擎用户行为与用户满意度的关联研究[J].中文信息学报, 2014, 28(1):73-79.

[66] 朱鹏,朱星圳,刘子溪.微信学术检索用户行为分析与实证研究[J].情报学报,2017,36(08):843-851.

[67] 张辉,苏宁,刘奕群,马少平.文本飘红策略对搜索引擎用户行为的影响[J].清华大学学报(自然科学版),2018,58(08):703-709.

[68] 李德华,巩宇,张自锋,等.基于.net 构建海量非结构文本与用户行为协同的搜索引擎研究[J].软件工程,2018,21(05):42-47.

[69] 崔丽杰,刘伟.基于用户兴趣的个性化搜索引擎的设计[J].计算机与现代化,2008(07):1-4.

[70] 何友全,徐小乐,徐澄,等.搜索引擎用户接口设计[J].重庆理工大学学报(自然科学版),2010,24(09):63-68.

[71] 王楠,刘彩红,刁振军.个人用户专用搜索引擎的设计与实现[J].价值工程,2012,31(21):193-194.

[72] 王文超,亢焕楠.基于安卓系统的桌面搜索引擎的设计研究[J].电子技术与软件工程,2014(16):50.

[73] 何苇.搜索引擎中查询扩展模块的设计与实现[D].北京邮电大学,2014.

[74] 侯志晗.基于用户体验的搜索引擎设计研究[D].北京邮电大学,2016.

[75] 刘铭瑶.基于用户体验的百度移动端搜索引擎设计探析[J].传媒论坛,2019,2(13):117-118.

[76] 姜莹.基于用户体验评价的搜索引擎前台设计与开发[D].北京邮电大学,2014.

[77] 徐意能,陈硕.基于用户体验的搜索引擎有效性评估研究[J].人类工效学,2008(03):9-12,73.

[78] 吴宏.中文搜索引擎用户体验比较[J].农业图书情报学刊,2008(08):125-130.

[79] 王镠璞.基于用户体验的互联网搜索引擎医学信息检索可用性评估研究[D].吉林大学,2010.

[80] 于施洋,王建冬,刘合翔.基于用户体验的政府网站优化:提升搜索引擎可见性[J].电子政务,2012(08):8-18.

［81］裴一蕾,薛万欣,赵宗,等.基于用户体验视角的搜索引擎评价研究［J］.情报科学,2013,31(05):94-97,112.

［82］黎邦群.基于搜索引擎与用户体验优化的 OPAC 研究［J］.中国图书馆学报,2013,39(04):120-129.

［83］刘敏.基于用户体验的中英文搜索引擎实证对比研究［J］.图书馆学研究,2015(04):59-65.

［84］王若佳,李月琳.基于用户体验的健康类搜索引擎可用性评估［J］.图书情报工作,2016,60(07):92-102.

［85］刘敏,曹小宇.用户体验视角下图像学术搜索引擎的应用研究——以 OPENI 为例［J］.情报探索,2018(08):69-76.

［86］虞为,翟雅楠,陈俊鹏.百度学术用户体验信息内容研究［J］.情报杂志,2020,39(02):134-139+168.

［87］刘敏.中英文学术搜索引擎的对比研究［J］.图书馆学研究,2014(24):29-35.

［88］周义刚,聂华,廖三三.北京大学资源发现服务推广探析——以未名学术搜索为例［J］.图书情报工作,2014(20):69-74.

［89］魏瑞斌,郭一娴.基于用户体验的百度学术应用研究［J］.现代情报,2017,37(05):89-97.

［90］裴一蕾,薛万欣,李丹丹.基于 TAM 的搜索引擎用户体验与用户忠诚关系的实证研究［J］.情报科学,2017,35(01):84-87,114.

［91］胡玮.中文学术搜索引擎比较研究［J］.情报探索,2018(01):49-55.

［92］姜霖,张麒麟.基于引用情感交互的学术检索结果排序方法研究［J］.情报理论与实践,2020,43(06):172-179.

［93］中国互联网信息中心.统计报告［EB/OL］.［2020-08-10］.http://www.cnnic.net.cn/hlwfzyj/hlwxzbg/hlwtjbg/

［94］中国互联网信息中心.搜索报告［EB/OL］.［2020-08-10］.http://www.cnnic.net.cn/hlwfzyj/hlwxzbg/ssbg/

［95］中国互联网信息中心. 2016 年中国网民搜索行为调查报告
［EB/OL］.（2018 - 01 - 09）［2020 - 02 - 25］. http：// www.
cnnic. net. cn/hlwfzyj/hlwxzbg/ssbg/201801/t20180109 _
70143. htm

［96］中国互联网信息中心. 2019 年中国网民搜索行为调查报告
［EB/OL］.（2019 - 10 - 25）［2020 - 02 - 25］. http：// www.
cnnic. net. cn/hlwfzyj/hlwxzbg/ssbg/201910/t20191025 _
70843. htm

［97］中国互联网信息中心. 2014 年中国网民搜索行为调查报告
［EB/OL］.（2014 - 10 - 25）［2020 - 08 - 25］. http：// www.
cnnic. net. cn/hlwfzyj/hlwxzbg/ssbg/201910/t20141025 _
70843. htm

［98］蒋亚琳. 对三种学术搜索引擎的析评［J］. 情报探索,2007
（01）:48 - 50.

［99］苏建华.图书馆选择资源发现系统的策略分析——以资源发
现系统与学术搜索引擎的比较为视角［J］.情报科学,2015,
33（06）:91 - 94 + 105.

［100］ Moskovkin V M. The potential of using the Google Scholar
search engine for estimating the publication activities of univer-
sities［J/OL］. Scientific and Technical Information Processing,
2009, 36 (4): 198 - 202. https：// doi. org/10. 3103/
S0147688209040029［2020 - 02 - 01］. https：//link. springer.
com/article/10. 3103/S0147688209040029

［101］章玮. 搜索引擎的发展历史及现状［J］. 中国科技博览,
2010（26）:263.

［102］陈家翠, 谷玉荣. Google 学术搜索检索性能的分析及评价
［J］. 情报理论与实践, 2007, 030（005）:653 - 655.

［103］Bing. 微软学术［EB/OL］.［2020 - 03 - 04］. https：// cn.
bing. com/academic/

［104］百度学术. 关于我们［EB/OL］.［2020 - 03 - 03］. http：//

xueshu. baidu. com/usercenter/show/baiducas? cmd = page

［105］中国搜索.公司简介［EB/OL］.［2020 – 03 – 04］. http：//
www. chinaso. com/home/intrduction. html

［106］360 学术.奇虎 360 旗下搜索服务［EB/OL］.［2020 – 03 –
03］. http：//xueshu. so. com/s? q = + &b = 2020

［107］CNBETA.搜狗与微软达成合作发布英文及学术搜索［EB/
OL］.［2020 – 03 – 04］. http：//cache. baiducontent. com/

［108］教育部.各级各类学校女教师、女教职工数［EB/OL］.（2019 –
08 – 12）［2020 – 03 – 02］. http：// www. moe. gov. cn/s78/
A03/moe _ 560/jytjsj _ 2018/qg/201908/t20190812 _ 394229.
html

［109］教育部.各级各类学校女学生数［EB/OL］.（2019 – 08 – 12）
［2020 – 03 – 03］. http：// www. moe. gov. cn/s78/A03/moe_
560/jytjsj_2018/qg/201908/t20190812_394231. html

［110］国家标准化管理委员会. GB/T13745 – 2009 学科分类与代码
［S/OL］.（2009 – 11 – 01）［2020 – 03 – 03］. http：//openstd.
samr. gov. cn/bzgk/gb/newGbInfo? hcno =4C13F521FD6ECB6E
5EC026FCD779986E

［111］于利霞.多功能综合语音搜索引擎的设计与实现［D］.上海
交通大学,2016

［112］百度百科.图像［EB/OL］.［2020 – 03 – 13］. https：// baike.
baidu. com/item/图像/

［113］百度.广州视窗采用百度搜索技术［EB/OL］.（2000 – 11 –
13）［2020 – 03 – 17］ http：// home. baidu. com/home/index/
news_detail/id/16959

［114］Bing. 微软学术［EB/OL］.［2020 – 03 – 04］. https：// cn.
bing. com/academic/

附录一　问卷调查表

学术搜索引擎用户使用情况调查

科学研究是助力于实现可持续发展的关键。本问卷调查目的是了解用户的学术搜索引擎使用情况，调研结果仅用于学术研究。

本问卷属于专业学术问卷，可能要耽误您5~10分钟，调查涉及的个人信息仅作为原始数据留底，具体分析过程将做脱敏处理，充分保证您的隐私权。

感谢同仁们的支持。

一、用户属性调查

注：仅包含性别、年龄、专业、学历等，不包括姓名、联系方式等其他隐私信息。

1. 请问您的<u>性别</u>是？［单选题］ ＊

○男　　　　　　　　　　○女

2. 请问您的<u>年龄</u>是？［单选题］ ＊

○19岁及以下　　　　　○20~29岁

○30~39岁　　　　　　○40~49岁

○50~59岁　　　　　　○60岁及以上

3. 请问您当前的<u>学历层次</u>是？［单选题］ ＊

○初中、小学及以下　　○高中、中专、技校

○大学专科　　　　　　○大学本科

○硕士研究生　　　　　○博士研究生

4. 请问您目前从事的<u>专业工作或学术研究</u>属于以下哪个<u>学科门类</u>?

（如若涉及交叉学科，请填写涉及的主要学科门类）［单选题］ *

○自然科学类　　　　　○农业科学类

○医药科学类　　　　　○工程与技术科学类

○人文与社会科学类　　○其他_____

二、学术搜索引擎使用的整体情况

注：此部分研究主要针对商业搜索引擎推出的学术搜索服务，如百度学术、搜狗学术等。对于专业数据库等推出的学术搜索服务功能应用，暂不属于本次调研范畴。

5. 您<u>是否使用过</u>学术搜索引擎?［单选题］ *

○使用过　　　　　　　○从未使用过（请跳至第25题）

6. 您使用过学术搜索引擎的<u>频率</u>如何?［单选题］ *

○经常使用　　　　　　○较常使用

○使用一般般　　　　　○偶尔使用

○几乎没使用过

7. 您主要通过哪种<u>途径</u>访问学术搜索引擎?［多选题］ *

□台式电脑　　　　　　□笔记本电脑

□手机　　　　　　　　□其他_____

8. 请问您使用学术搜索引擎的主要<u>场景</u>是什么?

（注：场景即表达什么时候会用到学术搜索引擎）［多选题］ *

□教学工作

□了解学术文章/刊物影响力，如被引、影响因子等

□科学研究

□了解文章发表详情，如年卷期、参考文献等

□专业学习

□其他_____

9. 您使用学术搜索引擎的主要目的是？［多选题］ *

□查找或阅读指定文献　　□查找或阅读特定主题下的文献

□了解专业术语、理论　　□寻求特定问题答案

□掌控最新学术活动信息　□其他_____

三、手机端、PC 端的用户学术搜索引擎使用情况

注：此处主要调查不同类别学术搜索用户行为类别及学术搜索引擎的渗透率。

① 渗透率：通过某种方式访问过学术搜索引擎应用。

② 手机端：指使用智能手机等访问学术搜索引擎。

③ PC 端：指使用台式电脑、笔记本电脑等途径访问学术搜索引擎。

10. 手机端：您通过哪种（或哪几种）手机端学术搜索引擎的访问入口？［多选题］ *

□通过浏览器应用，访问学术搜索引擎

□使用手机自带的浏览器，登录学术搜索引擎网站

□使用搜索引擎类 App 手机应用访问（如：百度 App、搜狗搜索 App 等）

□□其他_____

11. 手机端：请问以下手机端学术搜索引擎访问途径中，哪种是您首选的？［单选题］ *

○通过浏览器类应用，访问学术搜索引擎

○使用手机自带的浏览器，登录学术搜索网站

○使用搜索引擎类 App 手机应用访问（如：百度 App、搜狗搜索 App 等）

○其他_____

12. 手机端：您常用以下哪些学术搜索引擎查找相关学术资料？［多选题］ *

□百度学术：xueshu. baidu. com

□搜狗学术：scholar. sogou. com

□360 学术：xueshu. so. com

□必应学术：cn. bing. com/academic

□国搜学术：scholar. chinaso. com

□其他_____

13. 手机端：以下学术搜索引擎中，您首选哪种查找相关学术资料？［单选题］*

○百度学术：xueshu. baidu. com

○搜狗学术：scholar. sogou. com

○360 学术：xueshu. so. com

○必应学术：cn. bing. com/academic

○国搜学术：scholar. chinaso. com

○其他_____

14. 手机端：您主要通过手机端的哪种或哪几种搜索方式获取检索需求？［多选题］*

□直接输入文字搜索　　□使用图像搜索

□使用语音搜索　　　　□其他_____

15. PC 端：您通过哪种（或哪几种）方式，登录并访问学术搜索引擎入口？［多选题］*

□打开浏览器，登录学术搜索引擎网站

□使用导航网站，提供的学术搜索引擎

□其他_____

16. PC 端：以下哪种方式是您首选登录学术搜索引擎入口？［单选题］*

○打开浏览器，登录学术搜索引擎网站

○使用导航网站，提供的学术搜索引擎

○其他_____

17. PC 端：您常用以下哪些学术搜索引擎查找相关学术资料？［多选题］*

□百度学术：xueshu. baidu. com

□搜狗学术：scholar. sogou. com

□360 学术：xueshu. so. com

□必应学术：cn. bing. com/academic

□国搜学术：scholar. chinaso. com

□其他_____

18. PC 端：在以下的学术搜索引擎中，您首选哪种查找相关学术资料？［单选题］ *

○百度学术：xueshu. baidu. com

○搜狗学术：scholar. sogou. com

○360 学术：xueshu. so. com

○必应学术：cn. bing. com/academic

○国搜学术：scholar. chinaso. com

○其他_____

四、基于用户体验的学术搜索引擎整体评价

注：此部分主要调查用户学术搜索引擎的整体使用效果评价。

19. 在学术搜索引擎的使用体验过程中，对您的知识结构有什么感受？［矩阵量表题］ *

（1、2、3、4、5 属于量化表达，即 1 表示"不熟悉"、2 表示"一般熟悉"、3 表示"熟悉"、4 表示"比较熟悉"、5 表示"非常熟悉"）

	1 不熟悉	2 一般熟悉	3 熟悉	4 比较熟悉	5 非常熟悉
我熟悉检索任务相关的学科知领域知识	○	○	○	○	○
我熟悉检索的知识和技巧（如布尔逻辑、高级检索、检索界面设置等）	○	○	○	○	○
我熟悉我常使用的学术搜索引擎	○	○	○	○	○

20. 在学术搜索引擎使用体验过程中，您对它的功能有什么感受？［矩阵量表题］ *

（1.2.3.4.5 属于量化表达，由"评价低"到"评价高"逐步增加程度（下同）。如 1 表示"很不方便"、2 表示"不方便"、3 表示"方便"、4 表示"比较方便"、5 表示"非常方便"；如 1 表示"很不好"、2 表示"不好"、3 表示"好"、4 表示"比较好"、5 表示"非常好"。)

	1	2	3	4	5
系统响应时间快	○	○	○	○	○
提供多种检索方式很有用	○	○	○	○	○
提供截词检索、推荐功能方便	○	○	○	○	○
检索字段丰富（如标题、摘要、全文等）	○	○	○	○	○
检索结果排序、分类功能种类满足需求	○	○	○	○	○
个性化功能突出（如引用、下载、全文访问等）	○	○	○	○	○
检索结果排序很有帮助（如相关度、时间等排）	○	○	○	○	○
文献获取及定位功能很有帮助 （如指示文献收藏地址）	○	○	○	○	○
文献下载或全文访问很好	○	○	○	○	○

21. 在学术搜索引擎的使用体验过程中，您对搜索引擎的页面设计有什么感受？［矩阵量表题］ *

	1	2	3	4	5
学术搜索引擎页面设计色彩前后一致，令人舒服	○	○	○	○	○
页面色彩符合使用习惯	○	○	○	○	○
页面布局符合日常习惯	○	○	○	○	○
按钮位置、尺寸、颜色可以快速识别	○	○	○	○	○
按钮功能可以快速判断	○	○	○	○	○
文字展示清晰（如字体、间距、对比度）	○	○	○	○	○
导航设计合理	○	○	○	○	○

22. 在学术搜索引擎使用体验过程中，您对学术搜索引擎提供的<u>学术资源</u>有什么感受？［矩阵量表题］ *

	1	2	3	4	5
检出的学术资源十分丰富	○	○	○	○	○
检出的学术资源来源可靠	○	○	○	○	○
检出的学术资源与检索需求匹配性高	○	○	○	○	○
检出学术资源呈现方式符合阅读需求（如摘要、作者、年份、卷期、主页）	○	○	○	○	○

23. 在学术搜索引擎的<u>使用过程</u>中，您有什么样的<u>用户体验</u>？［矩阵量表题］ *

	1	2	3	4	5
学术搜索引擎解决了我的检索任务	○	○	○	○	○
学术搜索引擎的功能完备	○	○	○	○	○
学术搜索引擎检出内容与我的检索需求匹配	○	○	○	○	○
学术搜索引擎很容易掌握	○	○	○	○	○

24. 与专业数据库相比，您对学术搜索引擎提供的所有服务，包括收藏信息量、检索界面、检索结果、逻辑语句等<u>总体满意度</u>是？［单选题］ *

○非常满意　　　　　　○一般满意
○满意　　　　　　　　○不满意
○很不满意

25. 万分感谢您在百忙中抽出时间完成这份问卷，您的支持将是我们不懈努力的源泉。再次感谢！

（如需联系反馈，可以留下您的联系方式）［填空题］

附录二　学术搜索引擎用户体验设计及优化

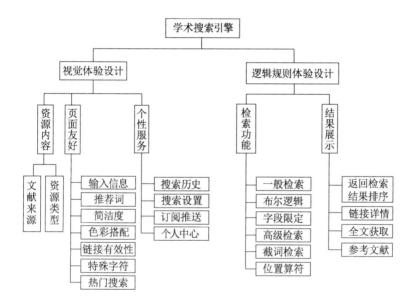

附录三　学术搜索引擎搜索服务逻辑图

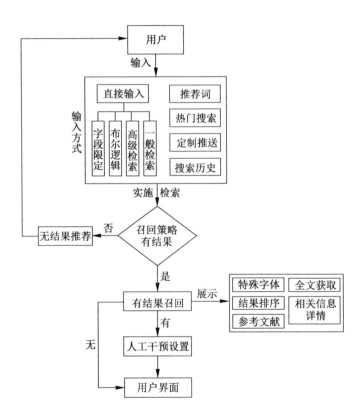

后　记

落笔之际，是否还有其他人也在此刻挑灯不眠？

深夜，思绪万千，一晃毕业后加入图书馆的大家庭已十二年有余。

静下心来，回望过去，发现在图林兜兜转转已有十八年，可谓人生中最美好的十八年。求学、工作、婚姻都发生在这十八年的时间里。我想，人生中又有几个十八年的美好时光是值得我们如此去努力奋斗和拼搏的呢？十八年前的那个夏天，带着通知书踏上北上求学的路，远离家乡、亲人，开启了图林"瞎摸滚爬"的本科求学生涯。临近大四毕业之际，迫于就业和深造的双重选择压力，以毅然坚定的决心走上了一条貌似万分艰辛的考研之路。带着一份幸运和少许实力，走进了心目中理想的大学继续行走图林生涯。开阔的视野、专业的学习、经验的交流、同学的相伴……求学生涯真的是最无忧、最值得人生去珍惜和努力付出的美好时光啊！

求学漫漫之旅，带给了我什么？对专业基础知识建构的系统学习以及自我学习能力的塑造是我对求学之路的所有认知。感谢那段努力、拼搏、奋斗和汗水挥洒的求学时光！

2008 年 1 月，也许注定与学校图书馆有缘，虽然经历了恶劣的冰灾及艰难的求职路程，但我依旧顺利完成了面试，如愿地拿到了 Offer。7 月毕业季，顺利毕业来到了现在的单位工作至今。人生贵在有规划，人生贵在努力和拼搏。参加工作的那一刻起，新的人生也就已经开启。图书馆要做的事情很多，做不完的事情也很多，努力为读者架构起"资源与服务"之间的桥梁是一个道不尽的话题。工作的十二年有余的时光里，从阅览室管理员到课程授课教师，再到科技查新甚至到今天的身兼多职，我也经历过流通部、信息部、查新站等多个岗位的历练，自己着实成长不少。专业来自实践岗位工作的历练，从实践中发现真知灼见，从实践中探索科学精神的奥秘，就能发现问题、有所思考甚至有所成就。那么，努力和付出必不可少。

十二年的时光里，美丽的校园、温馨的馆舍、友好的同事等，让我常常感受到唯有更加努力才能对得起这当下的工作。需要感谢的人和物很多。首先，感谢教育部、中国互联网信息中心等机构每年发布了大量的有关互联网及高等教育发展的实证数据，为本选题的研究提供了相当多的样本素材。其次，感谢我的领导和同事们。领导的认同和支持，同事们的鼓励和打气，让我深刻认识到，在工作中发现问题、研究问题、解决问题，才能更好地开展工作。再次，感谢我的家人们，每一个加班的日子里、每一个埋头苦研的岁月中，唯有家人的支持才是坚持不懈的源源动力。最后，感谢自己，感谢这些年坚持己见、努力工作、认真研究，将所见、所闻、所思能化为文字，形成见解。本书的主要观点曾零散发表在相应的专业学术期刊中，如《中英文学术搜索引擎的对比研究》《基于用户体验的品牌搜索引擎服务评价及优化》等，本书是在已有研究基础上的一次提炼与深入。

十年磨一剑！本书的主要观点为本人从事图书馆专业技术工作以来的一次全面总结。在研究过程中，难免借鉴和参考了一些学者的相关学术观点，未一一列出，在此谨向相关单位、作者致以诚挚的感谢！由于著者水平有限，书中难免存在不妥之处，还请广大学者、专家及同行批评指正。同时，感谢江苏大学出版社的编辑们能让此书如期出版！

最后，以"路漫漫其修远矣，吾将上下而求索"化作我所有的言语，来对待今后的工作、生活和学习，以感谢那些曾经帮助过我的人。

刘　敏

2020 年 7 月 31 日深夜于长沙